Marie-Luise Hermann
War das schon alles?

verstehen lernen

Marie-Luise Hermann

War das schon alles?

Babyboomer jenseits der Lebensmitte

Mit einem Geleitwort von Brigitte Boothe

Psychosozial-Verlag

Für Markus,
dessen Lebenskreis sich mittendrin geschlossen hat.

Bibliografische Information der Deutschen Nationalbibliothek
Die Deutsche Nationalbibliothek verzeichnet diese Publikation in der Deutschen Nationalbibliografie; detaillierte bibliografische Daten sind im Internet über http://dnb.d-nb.de abrufbar.

2. Auflage 2024

E-Mail: info@psychosozial-verlag.de
www.psychosozial-verlag.de

Umschlaggestaltung und Innenlayout nach Entwürfen von Hanspeter Ludwig, Wetzlar
ISBN 978-3-8379-3221-8 (Print)
ISBN 978-3-8379-7946-6 (E-Book-PDF)

Inhalt

Geleitwort

50 – das ist doch kein Alter. Auch 60 ist es nicht. Wie ging es einst den Menschen, die heute in ihren 50ern und 60ern sind? Wie stehen sie heute im Leben? Was belastet sie? Wie geht es weiter? Das sind wichtige Themen dieses Buchs, das eine Schreibkultur des Fragens und der Denkanstöße erneuert, das von psychischen Belastungen und Herausforderungen der Babyboomer nach der Lebensmitte handelt, psychotherapeutische und auch persönliche Erfahrungen vermittelt. Es geht um jene «Viele», die in Zeiten des deutschen Wiederaufbaus zur Welt kamen.

Mitte der 1950er Jahre entwickelten sich in Westdeutschland in bemerkenswertem Tempo Wachstum und Wohlstand. Der Aufschwung hatte bereits vor der Gründung der Bundesrepublik 1949 eingesetzt und hielt bis Mitte der 1960er an. Der sogenannte Marshallplan – Kredite in der Höhe von über 13 Milliarden Dollar für eine Reihe westeuropäischer Staaten – ermöglichte zwischen 1948 und 1952 den westdeutschen Wiederaufbau und die Etablierung einer neuen Wirtschaftsordnung, die, im Sinne einer sozialen Marktwirtschaft, Wettbewerb, Privateigentum und Gewinnorientierung mit sozialem Ausgleich verknüpft. *Wohlstand für alle* (1957) ist der Titel des Buchs von Ludwig Erhard, Wirtschaftsminister 1949–1963, mit dem Ehrentitel «Vater des Wirtschaftswunders». Wer in Westdeutschland zwischen 1955 und 1964 geboren wurde, gehört zur Generation der sogenannten Babyboomer, der abklingende Babyboom hielt bis 1969 an. Einen früheren Geburtenboom hatte man in den USA und in der Schweiz zwischen 1943 und 1950 ausgemacht.

Marie-Luise Hermann schreibt über Menschen, die in der Zeit des westdeutschen Wohlstands-Babybooms kleine Kinder waren und nun noch nicht alt, auch nicht mehr jung, sondern «mittendrin» sind. Vielfach hatten ihre Eltern ihnen Erfolgs- und Leistungsbereitschaft und Chancen für ein gutes Leben mitgeben wollen. Ambition, Tüchtigkeit und Karriere zählten viel. Zugleich war im Wettbewerb der «Vielen» keineswegs für alle Platz, Ausbildungs-, Studien- und Berufsplätze waren knappes Gut. Ungewisse Wartezeiten und Berufswechsel waren in Kauf zu nehmen. Die Verbindung von Beruf und Familie war – und bleibt auch heute – für Frauen gesellschaftlich und persönlich eine äußerst schwierige Herausforderung. Gleichwohl wuchsen im Rahmen der gesellschaftlichen Veränderungen seit den späten 1960ern die Chancen, das eigene Leben individuell zu entwerfen, neu zu erproben, Liebe, Freundschaft, Elternschaft und auch die berufliche Biografie nach individuellen Wünschen zu gestalten und sich der Multikulturalität zu öffnen.

Fragt man mit Marie-Luise Hermann, wie es den Babyboomern in der Schwellensituation nach der Lebensmitte geht, so stellt für bemerkenswert viele Personen das «Mittendrin» eine Krise oder eine krisenhafte Verfassung dar. Es geht um eine auffällig große Kluft zwischen seinerzeit hohen Selbstverwirklichungserwartungen und offener oder verdeckter Enttäuschung, was die eigene emotionale Bewertung des Erreichten, der als «mittendrin» gelebten Gegenwart, betrifft. Ebenso gehören zur Krise das Bewusstwerden der begrenzten Lebenszeit und der Blick in eine von der Aussicht auf Zumutungen des Alterns verdüsterte Zukunft – eine Perspektive, der die Betroffenen mit Erschöpfung und Ausgebranntsein, mit Angst oder Depression begegnen.

Die sensible Erfassung dieser Krisen gelingt der psychoanalytisch und psychotherapeutisch versierten Autorin durch die facettenreiche Darstellung von drei charakteristischen Formen und Verläufen: Sie erläutert das «Festsitzen», das «Sichdavonschleichen» und das «Zusammenbrechen» und bringt für jede der drei Krisengestalten ein anschauliches Beispiel. Zu all diesen Krisen gehört, dass die Betroffenen lange Zeit eine in die Tiefe gehende Auseinandersetzung vermieden haben, nicht zuletzt, weil sie dem Bedrängtsein ausweichen wollen. Die Entscheidung, therapeutische Hilfe in Anspruch zu nehmen, kann ein bedeutsamer erster Schritt sein, sich auf produktive und couragierte Art mit vertrauenswürdiger Begleitung dem Bedrängtsein zu stellen. Marie-Luise Hermann zeigt, dass es oft möglich wird, in einen offenen, nicht-wertenden, wohlwollenden Dialog zu treten. Dann kann unter anderem eine innere Auseinandersetzung mit den überaus hohen Erwartungen von einst und der heutigen Mutlosigkeit einsetzen. Die Betroffenen können beginnen zu verstehen, dass beides in keiner Weise dem gerecht wird, was die eigene Entwicklung, den eigenen Standort im Leben und die Zukunftsperspektive ausmacht. In Zuversicht vermittelnder, herausfordernder und kreditgebender Kommunikation kann es gelingen, wie die Autorin zeigt, über das eigene biografische Gewordensein nachzudenken und dabei sich selbst in wohlwollender Weise auf die Spur zu kommen. Wenn die Betroffenen beginnen, Kummer, Verluste, Irrwege und Rückschläge nicht als schlechte Noten im Lebenszeugnis anzusehen, dann führt eine offene Auseinandersetzung damit zu einer wesentlichen Bereicherung des Selbst- und Weltverhältnisses.

Dazu gehört neben dem mutigen Verzicht auf Illusion und Selbsttäuschung auch der Kontakt mit den eigenen Verdrängungen und Verleugnungen, kurz dem Unbewussten. An vielen Stellen im Buch wird deutlich, wie die Anstands-, Leistungs-, Erfolgs- und Wettbewerbsmentalität der frühen bundesrepublikanischen Jahre auch die damals Heranwachsenden beeinflusste. Die Babyboomer sollten oft unbewussten Erwartungen der Eltern genügen, Erwartungen an Erfolg und Lebenstüchtigkeit, an Selbstbewusstsein und Selbstbestimmung. Gelang dies, so hatte man scheinbar

Grund zu hoffen, es möge eine neue Zeit anbrechen, eine Zeit der Freiheit von der deutschen Geschichte der ersten Hälfte des 20. Jahrhunderts. Eine Freiheit auch, in der man, sehr vereinfacht formuliert, Geschichte und biografische Vergangenheit hinter sich lassen konnte. Die Kinder, die in den geburtenstarken Jahrgängen geboren wurden, sollten, wiederum sehr vereinfacht formuliert, Kinder der Hoffnung sein. Dieser Familienauftrag wurde unbewusst bei den Heranwachsenden wirksam; er blieb wirksam in ihrem Leben und macht ihnen jetzt jenseits der Lebensmitte zu schaffen. Man ist nicht mehr ein Kind der Hoffnung, des Erfolgs, des Stets-Aufwärts.

In den eindrucksvollen Fallanalysen nehmen wir Lesenden teil am therapeutischen Verstehen und an Klärungsprozessen. Es gibt Wege aus der Krise. Dysphorie, Depression, Erschöpfung, Selbsthader sind überwindbar. Von dort aus geht es weiter, entstehen neue Perspektiven für die Zukunft dieser krisenerprobten und pragmatisch-flexiblen Generation: Welches Potenzial kreativer Lösungen für ein selbstbestimmtes, lustvolles Altern der «Vielen» bringen Menschen dieser Generation mit? Marie-Luise Hermann verfügt über reiche Forschungs- und Praxiserfahrung aus der therapeutischen Arbeit mit Personen in der Mitte des Lebens und im Alter. So vermittelt sie im vorliegenden Buch, was es heißt, die zweite Lebenshälfte und auch das Alter als Chance für individuelle Wege der Entwicklung und Veränderung zu sehen. Wie es der Autorin dabei gelingt, in der Analyse der «mittleren Jahre» die persönliche Ebene mit der gesellschaftlich-historischen zu verbinden, ist bemerkenswert.

Das anregungsreiche Buch lebt nicht von Rat und Rezept, sondern vom produktiven Fragen. Leben ist im psychoanalytischen Blick der Autorin ein Möglichkeitsraum. Tätiges Leben, kontemplatives Leben, Leben in Einkehr, Leben in voller Betriebsamkeit, Leben als Ja zum Dasein, Leben im Widerstand: Der Blick der Psychoanalyse auf die offene Reihe all dieser Optionen richtet sich nicht auf Erfolg und Misserfolg, Vorbildlichkeit und Scheitern, sondern auf die sehr persönliche Art und Weise, wie sich Konflikte und Wünsche, Abwehr oder das Verlangen nach Anerkennung und Bestätigung, die Sehnsucht nach Liebe oder die Auseinandersetzung mit dem Gewissen darin zur Geltung bringen. Das Innewerden von Endlichkeit, der Umgang mit Grenzen und Begrenztsein, mit dem alternden Körper, mit dem Abschied von den Eltern, das sind Bereiche, in denen die Psychoanalyse noch viel zu entdecken hat.

Brigitte Boothe

Über dieses Buch

Dieses Buch dreht sich mit allen möglichen und unmöglichen Fragen um die Lebensmitte und die Lebensphase danach: Das räumliche Gefühl des Mittendrin, die zeitliche Frage der Mitte und die Frage, was ich in den Mittelpunkt gestellt habe. Welche Gefühle sind damit verbunden? Habe ich eine Wahl? Wann beginne ich darüber nachzudenken, ob ich schon «über die Mitte hinaus» bin? Wie viel kommt noch? Am Feststellen der begrenzten Lebenszeit kann sich ein Unbehagen entzünden: War das schon alles? Oder geht es jetzt immer so weiter? Wer nicht fragt, ist entweder im Einklang mit sich oder aber lebt ungefragt ein Leben, für das er:sie sich vielleicht nie bewusst entschieden und es mitgelenkt hat.

Wer sich solche Fragen stellt, in eine Unruhe gerät durch das eigene fortschreitende Alter, wer sich nicht mehr wohlfühlt in seiner Haut und bemerkt, dass er:sie jetzt tatsächlich in den mittleren Jahren angekommen ist, könnte sich für die Fragen und Thesen dieses Buchs interessieren. Wer fröhlich und erfolgreich durch die Jahre zwischen Mitte 40 bis zur Pensionierung marschiert, wird sich nicht angesprochen fühlen. Das Buch richtet sich daher an Menschen, die in eine Krise in oder nach der Lebensmitte geraten könnten oder schon darin stecken, die viele Fragen an sich und das Leben haben und damit weiterkommen wollen.

«Mittendrin» umschreibt zum einen ihr Lebensgefühl, umringt von Anforderungen, Wünschen und der Sorge, es könne für manches zu spät sein, zum anderen ihre Verortung im Lebenszyklus und in Jahrgängen der «Vielen». Zugleich steht es auch für die Sehnsucht, voll im eigenen Leben zu stehen, im Vollbesitz der seelischen Antriebskräfte und verbunden mit nahen Menschen zu sein.

In jahrelanger Auseinandersetzung mit dem Thema – therapeutisch, wissenschaftlich und in Selbstreflexion – bin ich zum Schluss und zugleich zu meiner Hauptthese gekommen: Ich halte die Lebensmitte für eine der anspruchsvollsten Lebensphasen, da sie seelisch sowohl Neuauflagen alter ungelöster innerer Konflikte hervorbringen kann als auch die Konfrontation mit der ablaufenden Lebenszeit und den Vorboten des Älterwerdens erzwingt. Zum inneren Druck kommt oft hoher Leistungsdruck im Beruf als «ältere:r Arbeitnehmer:in» hinzu und im Generationenvertrag der Familien sind gleichzeitig die Betreuung und Ablösung von heranwachsenden Kindern und von den alten Eltern zu bewältigen. Die mittlere Generation steckt somit von allen Seiten im «Sandwich»: Sie ist von Mehrfachaufgaben herausgefordert, soll vieles leisten und spürt zugleich Themen wie Abschied von Familienrollen, Körpersignale des Älterwerdens und das Vergehen der Zeit. Die «biologische Uhr» tickt nun mitunter vom Ende her, lässt Männer und Frauen das Alter einzelner Organe spüren. Eine Kombination dieser Faktoren ist häufig der Grund für chronische Erschöpfungszustände wie Burnout, Depressionen und Angsterkrankungen, die zu einem psychischen Zusammenbruch führen können.

Krisen an Lebensübergängen gehören zur Entwicklung. Bisherige Bewältigungsmuster werden durch Umbrüche herausgefordert und verlangen neue Lösungen. Doch nicht genug: Die Generation, die jetzt auf dem «Prüfstand» nach der Lebensmitte steht, ist diejenige der Babyboomer, die «Generation der Vielen» (von Becker, 2014), geboren zwischen 1955 und 1969 im deutschen «Wirtschaftswunder» oder von 1957 bis 1966 als «Wohlstands-Babyboomer» in der Schweiz. Sie wurden in die

Hoffnungen und Heilsversprechungen des wirtschaftlichen Aufschwungs hineingeboren mit der Botschaft «Ihr sollt es einmal besser haben, ihr könnt alles werden». Keine Generation davor hatte solche Aussichten auf Bildung und Aufstieg, insbesondere für Frauen. Empfängnisverhütung ermöglichte neue Wahlfreiheit und Selbstbestimmung und die Generation der «68er» hatte den Weg für neue Beziehungs- und Lebensmodelle geebnet. Spätestens nach der Lebensmitte ziehen die Babyboomer Bilanz, was aus den Verheißungen geworden ist: Viele konnten sich zunächst aus traditionellen Erziehungs- und Wertevorstellungen befreien, sich verwirklichen, studieren, reisen, eigenen Wohlstand aufbauen, Lebensstile und gleichberechtigte Paarmodelle ausprobieren. Aber die großen Wünsche und Erwartungen sind auch nur zu oft auf harte Realitäten gestoßen: Die Babyboomer waren umringt von den «Vielen» der Gleichaltrigen, mussten in Schule, Ausbildung, Beruf und für Kinderbetreuung um ihren Platz kämpfen. Hohe Scheidungsraten, Patchworkfamilien, Alleinerziehende, Umstrukturierung der Arbeitsplätze, Stellenverlust, Umschulungen und vieles mehr beschreiben die Erfahrung zahlreicher Babyboomer mit Enttäuschungen, Krisen, Brüchen und Neuanfängen in ihrer Biografie. Hinzu kommen in Deutschland nach 1989 Bewegungen zwischen Ost und West (und umgekehrt) und die Folgen der Weitergabe unbearbeiteter Traumatisierungen der Eltern als Kriegskinder an die Babyboomer als Kriegsenkel.

Jede Generation erlebt ihre eigene, zeitgeschichtlich mitgeprägte Ausgestaltung von Krisen. Bei den Babyboomern prallt vieles aufeinander, was vorher entweder so nicht möglich war oder aber voraussehbarer und «glatter» lief. Die Wünsche, Hoffnungen und Erwartungen an das eigene Ideal-Ich messen sich an verinnerlichten, vermeintlichen Versprechungen der Eltern, aber auch an Gleichaltrigen in intakten «Vorzeigefamilien», mit Karriere-Erfolgsgeschichten, die all dies geschafft zu haben scheinen – jahrzehntelanger Aufbau, Kontinuität, Sicherheit. Daneben geht eine Kluft an eigenen Enttäuschungen, an Gefühlen des

Scheiterns und Versagens und an Zukunftsängsten auf. Es scheint, als sei diese Kluft zwischen höchsten Selbstverwirklichungserwartungen und Lebensrealitäten nie so groß gewesen, was zu schmerzlichen Krisen des Selbstwertgefühls führen kann.

Diese neue Zuspitzung im Lebenslauf mit Umbrüchen und Diskontinuität erfährt zusätzlichen Druck durch den herannahenden Übergang zur Nachberufsphase und zum sogenannten «dritten Alter» ab 60. Zwischen finanziellen Sorgen und der gesellschaftlichen Frage, ob wir viel länger als bisher arbeiten müssen für eine existenzsichernde Altersvorsorge oder ob wir persönlich die Aussicht auf eine abgesicherte «neue Freiheit» haben, gehen auch hier die Möglichkeiten weit auseinander.

Von all diesen Erfahrungen und Fragen, was sie im Seelischen bedeuten, wie sie sich zeigen und wie sie bearbeitet werden können, damit aus der Krise eine Chance zur Klärung und zu einem neuen Entwicklungsschub werden kann, spricht dieses Buch. Die Verschränkung der persönlichen inneren Welt mit der äußeren familiären und gesellschaftspolitisch geprägten Welt scheint notwendig, um die komplexen Herausforderungen für die größte Altersgruppe zu beschreiben, die vor der Schwelle zum Alter steht.

Auch der Blick in die Zukunft einer krisenerprobten Generation soll gewagt werden, einer Generation, die viel um ihr Recht und ihren Platz gekämpft hat, wenn sie nicht mehr mitschwimmen konnte, und die in der digitalen, globalen Welt pragmatisch Anpassungen an neue Anforderungen versucht hat: Welche kreativen Lösungen werden künftig für ein selbstbestimmtes und lustvolles Altern der «Vielen» notwendig? Die vielfältigen Lebensverläufe der Babyboomer mitsamt ihren Brüchen und Neuanfängen tragen ein hohes Potenzial in sich, auf dem bisherigen Weg etwas über Gestaltungsspielräume und den eigenen Veränderungswillen gelernt zu haben.

Um die Leserin und den Leser zu einer Selbstbefragung nah am eigenen Erleben einzuladen, spreche ich sie häufig in Ich-Form, verallgemeinernd in Wir-Form an. Beschreibe ich Untergruppen von Betroffenen, wechselt die Perspektive in die dritte Person. An manchen Stellen nimmt das Ich der Autorin die Zügel in die Hand und lenkt den Lesefluss.

Marie-Luise Hermann

1 Die Babyboomer

Wer sind sie?[1]

Der Begriff des «Babybooms» wird für Phasen verwendet, in denen in einer ganzen Generation die Geburtenrate stark zunimmt, wie es regelmäßig nach Kriegen zu beobachten ist. Dies war in den USA bereits mit Ende des Zweiten Weltkriegs ab 1945 der Fall, in Deutschland ab 1955, bis mit dem «Pillenknick» zwischen 1965 und 1969 die Rate wieder stark abnahm. Die Angehörigen dieser Jahrgänge 1955–1969 sind heute (2023) 54–68 Jahre alt. Die Schweiz erlebte zwei Phasen des Babybooms: Zum einen die «Kriegs- und Nachkriegs-Babyboomer» der Jahrgänge 1943–1950, die zugleich der «68er-Generation» angehören, zum anderen die «Wohlstands-Babyboomer», die 1957–1966 geboren wurden und heute 57–66 Jahre alt sind. Im Folgenden beziehe ich mich auf die Sozialisation in der BRD, die auch meine eigene ist, und auf Erfahrungen in der Psychotherapie mit Patient:innen des zweiten Babybooms in der Schweiz sowie zugewanderten Deutschen.

Erstaunlich ist, dass die große gesellschaftliche Gruppe noch wenig wissenschaftlich erforscht ist, weder durch sich selbst noch durch andere Generationen. In der Schweiz wurden beide Babyboom-Phasen zusammen beschrieben (Perrig-Chiello & Höpflinger, 2009), was keine Beschreibung der Wohlstands-Babyboomer und internationalen Vergleiche der Jahrgänge erlaubt.

---

1 Grundlage für Kapitel 1 ist mein Aufsatz: Eine Vielfalt an Lebensentwürfen. Die Babyboomer kommen ins Alter (Hermann, 2019).

Für Deutschland gibt es soziologische Untersuchungen zu den Themen Arbeit, Erwerbsbiografien und Rente, jedoch kaum Forschungsarbeiten innerhalb der Psychologie und Sozialpsychologie und schon gar nicht in der Psychotherapie. Die Charakterisierung der Generation «Babyboomer» liegt bisher vor allem in journalistischen Texten oder nicht-wissenschaftlichen Buchpublikationen vor, mit dem Versuch, typische Erfahrungen und Eigenschaften an vielen Beispielen zu beschreiben. So umschreibt Bernhard von Becker (2014) die *Babyboomer. Die Generation der Vielen* folgendermaßen:

> «Wir Babyboomer bewirkten, dass alles boomte: der Immobilienmarkt, der Arbeitsmarkt und der Konsumgütermarkt. [...] Wir sind ein Wirtschaftsfaktor und werden es bleiben. Wir haben Kaufkraft generiert. Schon als Babys haben wir Weltmarken wie *Pampers* und *Alete* den Weg bereitet» (ebd., S. 18).

> «Wir stehen [...] zwischen den Stühlen. Zwischen der radikalen Achtundsechziger-Generation und der hedonistischen Generation Golf mussten wir uns kohortenweise finden und aufstellen. Wir sind eine Generation ohne Ereignis» (ebd., S. 24).

> «Eine eigene Geschichte, auf die nur wir Anspruch hätten, können wir nicht vorweisen. Das ist Teil unserer Identitätskrise [...]. Wir können nicht anders, als ständig das Lager zu wechseln und je nach Manöverlage flexibel Positionen zu beziehen. [...] Wir organisieren uns dezentral und individuell. Unser Leben ist jenseits von Ideologien, Dogmen und Orthodoxien von einer weltanschaulichen Offenheit geprägt. Unsere Lebensläufe sind voller Brüche» (ebd., S. 25).

Der Autor erwähnt die Friedens- und Anti-Atom-Bewegung, versteht sie jedoch nicht als Protestbewegungen und relativiert die daraus entstehenden «tiefgreifenden Umwälzungen» als Teil «friedliche[r] Jahre im Wohlstand» (ebd., S. 24f.). Nach Rolf Haubl (2004) sei das Lebensmotto der Babyboomer «Leben und leben lassen», sie seien desillusioniert und glaubten nicht, dass man als relativ kleine Gruppe die Gesellschaft rasch wirksam verändern könne, Indifferenz schütze vor Enttäuschung.

Die Situation der Frauen beleuchten Christina Bylow und Kristina Vaillant in *Die verratene Generation. Was wir den Frauen in der Lebensmitte zumuten* (2016) sehr kritisch. Das Umschlagsbild einer ausgepressten Zitrone untermauert ihre Hauptthese, dass die neuen Berufschancen deutscher Babyboomer-Frauen häufig abrupt endeten und enttäuscht wurden, wenn sie Kinder bekamen. Mit Ehegattensplitting und nach Scheidungen finanziell schlechter gestellt, drohe vielen die Altersarmut. Im Tonfall überwiegt eine Position der Enttäuschung über Benachteiligung und noch nicht umgesetzte Gleichberechtigung.

Diesen Aussagen einer zeit- und sozialgeschichtlichen Perspektive stelle ich nun meine eigenen Erfahrungen aus der Innenperspektive der Sozialisation im abklingenden Babyboom gegenüber und formuliere anhand von Erfahrungen in der Psychotherapie mit Fallbeispielen eigene Hypothesen.

1.1 Sie sind viele

Die spezialisierte Fachrichtung «Psychotherapie im Alter» hat aufgrund der besonderen, häufig traumatisierenden Erfahrungen heutiger alter Menschen im Zweiten Weltkrieg erkannt, dass die zeitgeschichtliche Perspektive und ihre möglichen Einflüsse auf die psychische Entwicklung von großer Bedeutung sind. Dies bedeutet, um einen Menschen zu verstehen, nicht nur persönliche Prägungen und ihre seelische Verarbeitung zu untersuchen, sondern auch die gesellschaftlichen Zeitumstände zu berücksichtigen. Angewandt auf die Babyboomer ist das augenfälligste Merkmal: Sie sind viele. «Überall wo ich hinkomme, gibt es viele von uns» durchzieht als Erfahrung ihre Selbstbeschreibungen. Sie sind in der Zeit des «Wirtschaftswunders» und zunehmenden Wohlstands aufgewachsen.[2] Dem Wunsch der Eltern nach wohlbehütetem Aufwachsen ihrer Kinder stand eine Kindheit und Jugend gegenüber, die in der Bundesrepublik Deutschland politisch geprägt war vom Terrorismus der RAF («Heißer Herbst» 1977), von Kaltem Krieg, Wettrüsten und Angst vor einem Atomkrieg. Politische Erziehung wurde im Gymnasium mit neuen Filmen zu Holocaust und Atomkriegsgefahr ernst genommen. Anfang der 1980er Jahre wurde die Friedensbewegung zur Massenbewegung, mit vielen Formen von Großdemonstrationen und zivilem Ungehorsam. Deren Mottos wie «Fürchtet Euch, der Atomtod bedroht uns alle!» oder «Entrüstet Euch!» formulierten Angst und Protest. Mit dem ab 1980 beschriebenen Waldsterben erstarkte auch die Umwelt- und Anti-Atomkraft-Bewegung, aus der die Partei der «Grünen» entstand. 1986 trat der erste Größte Anzunehmende Unfall in Tschernobyl ein. Die generationsübergreifenden Bewegungen forderten die Jugendlichen zu einer Stellungnahme zu einer politisierten Jugend oder apolitischen Haltung heraus. Aus den gesellschaftlich manifesten Ängsten bildeten sich auch Jugendprotestbewegungen wie die Punks mit ihrem Motto «No Future».

Die Babyboomer wurden in die Hoffnungen und Heilsversprechungen des wirtschaftlichen Aufschwungs hineingeboren mit der Botschaft «Ihr sollt es einmal besser haben, ihr könnt alles werden und studieren». Im Zeichen des Wiederaufbaus von demokratischen Strukturen für Stabilität, Frieden und Freiheit in Westeuropa stand auch der Aufbau des persönlichen Glücks in der Gründung von Familien. Viele Kinder waren auch als persönliche Hoffnungsträger:innen für eine bessere Zukunft erwünscht

2 Auch in der DDR gab es einen Babyboom, der jedoch bisher kaum beschrieben ist und mit der Sozialisation im Sozialismus anderen Prägungen unterliegt.

und wurden noch nicht als Kostenfaktor oder Investitionsprojekt der Selbstverwirklichung gesehen.

Andererseits waren viele Familien kinderreich, Schulklassen hatten bis zu 40 Schüler:innen. Zwar konnten so viele junge Männer und Frauen wie noch nie Abitur machen, doch der Zivildienst dauerte bis zu zwei Jahre, viele Studienfächer hatten jahrelange Wartezeiten oder nach dem Studium gab es keine Arbeitsplätze. Die Babyboomer machten daher überall die Erfahrung: Es gibt so viele, ich muss um meinen Platz kämpfen, ich muss teilen. Hoffnung und Realität prallten aufeinander. Unter der Oberfläche des «Gut-Habens» zeigen sich erste Hinweise auf Enttäuschungen und Konflikte.

1.2 Sie haben vielfältige Lebensentwürfe

Wie sind die Babyboomer aufgewachsen, was sind weitere Einflüsse des gesellschaftlichen Wandels? Nebeneinander bestand ein breites Spektrum an Erziehungsstilen. Ältere Eltern führten den konservativen Erziehungsstil der Nachkriegszeit fort, der nationalsozialistische Erziehungsratgeber *Die (deutsche) Mutter und ihr erstes Kind* von Johanna Haarer war noch in vielen Haushalten anzutreffen und wurde als Lehrbuch in pädagogischen Ausbildungen verwendet. Die religiöse Erziehung der Volkskirchen war noch selbstverständlich in Schule und Gesellschaft verankert. Jüngere, von der 68er-Bewegung beeinflusste Eltern experimentierten mit der Antiautoritären Erziehung und Kinderläden. Aus den USA erschienen erste psychologische Säuglingsstudien in deutscher Übersetzung. Aufmerksame Eltern wurden durch diese Vielfalt verunsichert oder änderten ihr Erziehungsverhalten zwischen älteren und jüngeren Kindern.

Für die Kinder traumatisierter Kriegskinder war der Zweite Weltkrieg noch sehr präsent. Nach dem Aufwachsen in einem geteilten Deutschland haben die Babyboomer im jungen Erwachsenenalter jedoch auch miterlebt, dass Mauern und Diktaturen durch eine friedliche Revolution fallen können, dass ein vereinigtes Europa mit Reisefreiheit gebaut werden kann und dass auf Ängste der Jugendzeit vor Atomkrieg und Waldsterben mit Abrüstung und ersten Bemühungen um Klimaschutz reagiert wurde. In der Folge entstanden nach 1989 viele «Wende»-Biografien mit Bewegungen der Lebensorte zwischen Ost und West in beiden Richtungen und mit Begegnungen zweier Welten in Partnerschaften und Familien.

Gegenüber der vorhergehenden Generation der «68er», die noch relativ stabile, vorhersehbare Berufslaufbahnen einschlagen konnten (sofern sie es wollten), kam es bei den Babyboomern zu einer «Pluralisierung und Inhomogenisierung der Lebensläufe» (Simonson, 2012) mit einschneidenden Veränderungen und Brüchen im Erwerbsleben, die in Zukunft zu einer Rückkehr der Altersarmut, vor allem der Frauen führen könnten. Die Babyboomer konnten von den Errungenschaften der Frauenbewegung nach 1968 in Bezug auf Emanzipation, Bildungschancen und Berufskarrieren als erste Generation voll profitieren. Zugleich erlebten und erleben sie hohe Scheidungsraten, Patchworkfamilien, Phasen als Alleinerziehende oder Singles. Es gibt späte Mütter und alte Väter und einen höheren Anteil an Kinderlosen, vor allem unter Akademikerinnen.

Die Babyboomer erlebten ebenfalls die Entwicklung von völliger Tabuisierung bis zur Gleichstellung von Homosexualität (vgl. Emcke, 2013). Sexualität war in der Erziehung im ganzen Spektrum von moralisierender Triebunterdrückung, verklemmter Heimlichkeit bis hin zu antiautoritärer Freizügigkeit und fehlenden Grenzen zwischen Kindern und Erwachsenen repräsentiert. In den Jahren des sexuellen Ausprobierens kam mit Aids neue Verunsicherung auf.

Trotz eines gewachsenen Wohlstands sind die Angehörigen dieser Jahrgänge im Verlauf ihrer Berufslaufbahn in der sich ständig verändernden Leistungsgesellschaft und bei sich wandelnden Berufsbildern besonders häufig von Umstrukturierungen, Globalisierungsfolgen und Digitalisierung der Arbeit betroffen. Neben Aufstiegsmöglichkeiten schlägt sich der hohe Leistungsdruck auch in einer Häufung von Burnout-Syndromen nieder, was die Hypothese nahelegt, ob wir es nicht mit einer «Generation Erschöpfung» zu tun haben (Hermann, 2017). Aber auch die Betroffenheit von Arbeitslosigkeit, prekären Lebensverhältnissen, Migration, Frühpensionierung und aufgrund der wechselhaften Erwerbsbiografien möglicher Altersarmut gehören zur Charakterisierung dieser Jahrgänge. Flexibilität und Anpassung an die Umstände wurden von einer leistungs- und durchsetzungsstarken Mittelklasseschicht und Elite eher bewältigt, daneben bewegte sich eine große Mehrheit unter vielen Gleichaltrigen im wenig sichtbaren Mittelfeld oder im Zurückgezogenen, unauffällig oder subjektiv «abgehängt».

Unterschiede zur Situation in der deutschsprachigen Schweiz bestehen unter der einheimischen Bevölkerung in einer größeren politischen Kontinuität und Stabilität und keiner direkten Betroffenheit vom Zweiten Weltkrieg und der «Wende» 1989. In der Schweiz als traditionellem Einwanderungsland mit hohem Ausländer:innenanteil lebt jedoch eine große Anzahl an aus den Nachbarländern eingewanderten Menschen oder Schweizer:innen mit mindestens einem Elternteil aus Deutschland, Italien oder Österreich. Angehörige dieser Familien können ebenso von Kriegstraumatisierungen, Ost-West-Bewegungen und deren wirtschaftlichen Folgen seit 1989 betroffen sein und finden sich auch häufig in der stationären Psychotherapie.

Weitere Unterschiede bestehen im Bildungssystem mit niedrigerer Maturitätsrate und in Bezug auf die erschwerte Vereinbarkeit von Familie und Beruf. Andere der beschriebenen Erscheinungen gelten jedoch auch für die Schweizer Babyboomer: Die Konfrontation mit der «Generation der Vielen», das Aufwachsen im Wirtschaftswunder, die Vielfalt der Erziehungsstile, hohe Leistungserwartung, Folgen der 1968er-Proteste, Umweltbewegung und vieles mehr.

1.3 Sie haben eine Vielfalt an Erfahrungen

Was bedeutet die breite Vielfalt an Lebensentwürfen, wie wirkt sie sich auf innere, das heißt seelische Konflikte aus? Aus dem Patchwork an Erfahrungen lässt sich verallgemeinern:

Es gab insgesamt weniger Sicherheiten und «Garantien» und mehr Ungewissheit. Die Generation hat mehr Brüche, Verluste und Neuanfänge erlebt. Haben sie somit auch mehr Übergänge und Krisen bewältigt? Eine offenere Erziehung, Emotionalität und Sexualität oder spätere Befreiung war möglich. Es bestand ein freier Zugang zu Psychotherapie. Gleichberechtigte Partnerschaften und neue Beziehungsformen konnten erprobt werden. Viele Babyboomer sind säkularisiert oder suchen Zugänge zu Esoterik und Spiritualität. Viele leben gesundheitsbewusst und profitieren von Fortschritten der medizinischen Vorsorge.

Sind die Babyboomer dadurch risikofreudiger, flexibler, individualisiert, freiheitsliebend oder eher wenig leidensbereit und «wohlstandsverwöhnt»? Gilt die sogenannte «Impfhypothese» gemäß einer Studie von Schneider et al. (1999), nach der diejenigen Menschen im Alter eine höhere Lebenszufriedenheit aufwiesen, die in einer Lebensphase mehr belastet als gefördert waren?

Diese Fragen werden an verschiedenen Stellen im Buch aufgenommen.

2 Orientierung

Wo stehe ich eigentlich?

2.1 Das große Fragen

Es gibt eine Lebensphase, in der Fragen auftauchen, die lange Zeit im Hintergrund waren, sich nun aber mit neuer Dringlichkeit in die Verrichtungen des Alltags hinein-, ja geradezu dazwischendrängen, unbequem und unüberhörbar werden. Versucht man, sie mit schnellen Antworten zu beruhigen, werden sie wiederkommen, sie lassen sich nicht mehr ruhigstellen. Sie zeigen an, dass man sich mit der Lebensmitte auseinandersetzen muss, die mehr infrage stellt, als einem vielleicht lieb ist. Es sind «große» Fragen, und es ist die Zeit des «großen Fragens».

Sie setzen ein, wenn man sich der vergehenden Lebenszeit bewusst wird. Sie können schleichend kommen oder als plötzliches Erschrecken, ein «Gewahrwerden», dass das Fortschreiten der Zeit für die eigene Lebenszeit eine Begrenzung anzeigt, die mit dem Prozess des Älterwerdens einhergeht. Dieses bewusste Erkennen der eigenen Endlichkeit – dass es auch mich betrifft, ja *mein* Leben plötzlich zu Ende gehen kann, dass ich mit der Ungewissheit leben muss, nicht zu wissen, wie viel ich noch realisieren kann –, kann allmählich an die Oberfläche des Bewusstseins kommen. Oder es tritt ein Ereignis ein, das mich erschüttert, betroffen macht, eine eigene schwere Erkrankung oder ein Unfall, oder ich erlebe so etwas im engsten Umfeld mit. Und nicht zuletzt der Tod eines nahestehenden Menschen, der mich zurücklässt mit einer Unmenge an Fragen – warum er:sie, und warum darf ich weiterleben und gesund sein? Plötzlich ist nichts mehr selbstverständlich, und ich spüre, dass ich doch «mittendrin» bin, voller Aufgaben, Pläne und Wünsche.

Aber auch ohne ein solches Ereignis, im schleichenden Auftauchen, können solche Fragen etwas Zwingendes, Dringliches bekommen, sodass ich sie nicht mehr so einfach aufschieben und verdrängen kann, weil sie aus dem Inneren kommen und von unbewussten Vorstellungen gespeist sind, die deutlich machen, dass etwas unbefriedigt oder unbefriedigend ist im eigenen Innenleben und im äußeren Leben. Und zugleich drängen von der Zukunft her Anzeichen des Älterwerdens über den Körper unübersehbar ins Bewusstsein, aber auch über soziale Erfahrungen. Davon mehr in Kapitel 4. Dieser doppelte Druck, von beiden Seiten «im Sandwich», erzeugt das Unangenehme, eine Spannung, die nach schnellen Antworten ruft. Das Drängende ist eine Eigenart bestimmter seelischer Wünsche.

Es gibt kein «typisches Alter» oder einen regelhaft beobachtbaren Zeitpunkt für diese nachdenklich machenden Fragen, die dazu herausfordern, zu überdenken, wo ich im Leben stehe, wie ich mich darin eingerichtet habe, und wie es weitergehen soll. Diese Phase kann ganz natürlich verlaufen, mit einem Michselbst-Hinterfragen und mit intensiveren Sinnfragen, die mich neue Wege suchen und probieren lassen bis hin zu grundsätzlichen Veränderungen. Belebende, kreative Lösungen führen dann zu einem Übergang ohne anhaltende Sinnkrise. Wer nicht so einfach über diese Fragen hinwegkommt, sich längere Zeit im Kreis dreht, in eine Krise hineingerät, sucht Orientierung und Verständnis für das Zweifeln und Hinterfragen. Dazu macht dieses Buch eine Reihe von Angeboten.

Die landläufige «Midlife-Crisis» scheint mir zu früh angesetzt, oder sie hat sich inzwischen durch die längere Phase der Spätadoleszenz und Identitätssuche bis in die Endzwanziger und die längere Lebenserwartung nach hinten verschoben. In der Psychotherapie ist sie gehäuft von etwa 45 bis 55, verzögert auch bis zum Pensionsalter zu erleben. Sie führt dann in die Psychotherapie, wenn es zu einer anhaltenden Krise kommt und die Fragen der Lebensmitte nicht als Entwicklungsanforderung oder -aufgabe selbst gelöst werden können. Andere Gleichaltrige beschreiben sich zufrieden als «im besten Alter» oder in den «goldenen Jahren», weil sie viel Gutes aufgebaut haben, sie erfolgreich, kraftvoll und gesund wirken – aber wir selbst? Obwohl uns äußerlich nichts fehlt, wir allen Grund zur Zufriedenheit hätten, kommt dieses Unbehagen auf, ob das schon «alles» gewesen sei, und das Gefühl, «nur ich» könne das Leben nicht so positiv nehmen, sähe keine Chancen, es zu verändern. Größere Veränderungen geschehen jedoch nicht von selbst. Der Anstoß zur persönlichen Entwicklung wird entweder von Lebensumständen erzwungen oder braucht eine starke innere Motivation. Je später diese Krise auftritt, desto eher konnten wir die Themen zunächst noch verdrängen, und sie werden erst zum Problem, wenn ein neuer Lebensabschnitt wie die Pensionierung ansteht.

2.2 Die Lebensmitte

Der Begriff der «Lebensmitte» verdient eine genauere Untersuchung. Man kann die Metapher auf verschiedenen Ebenen verstehen. Zunächst ist die Mitte eine räumliche Ortsbestimmung: Wo eine Mitte beschrieben wird, gibt es ein Außen und Innen oder einen Anfang und ein Ende. Schichten umschließen einen geometrischen Körper oder ein Davor und Danach umgeben die mittlere Wegstrecke. Als Metapher eines zeitlichen Ablaufs bedient sich die Zeitvorstellung der Bildsprache des Raums, nur so können wir uns die abstrakte Dimension Zeit vorstellen: Die Zeitachse als Linie oder Strecke, die durchschritten wird, Bahnen, die ein Himmelskörper zurücklegt, oder Zeiger, die auf einer Uhr kreisen. Zeit wird zurückgelegt, eine Bewegung von Vorwärtsschritten und etwas hinter sich lassen auf einem Lebensweg, der abzuschreiten oder zu durchlaufen ist. Erst vom Ende her wäre der Ort der Mitte zu bestimmen. Je nach Blickrichtung wird Rückwärtsgewandtsein oder Fortschreiten betont.

Das kreisende Laufen der Uhr und des Jahreszyklus wird übersetzt in «Ich lebe mein Leben in wachsenden Ringen» bei Rilke, Hesse hält sich räumlich an «Lebensstufen» und Hölderlin umschreibt mit «Mitte des Lebens» das schwere Herunterhängen reifer Früchte, der Ernte, aber auch das Ahnen, dass sich der «Herbst des Lebens» ankündigt. Da das Lebensgesetz der Vergänglichkeit uns nur die Tatsache des Todes eingeschrieben hat, uns zugleich aber mit der Ungewissheit der Lebensdauer konfrontiert, beschleicht uns bloß eine Ahnung, dass wir uns rein rechnerisch höchstwahrscheinlich schon «jenseits» unserer Lebensmitte befinden, wenn wir um diese Fragen kreisen. Umdrehungen können auch wie endlose Wiederholung wirken im «Rad der Zeit» oder in Lebenszyklen. Stillzustehen scheinende Zeit drückt sich aber auch in Bildern von Veränderung und Wachstum aus: «Steter Tropfen höhlt den Stein». Die beständige, immergleiche Bewegung löst Materie auf oder lässt Tropfsteine wachsen, in unvorstellbaren Zeitdimensionen.

Und hier setzen weitere Vorstellungen ein, meist nicht bewusst, wie dieser Lebensweg und das Altern ablaufen könnten. Es sind die Altersbilder und -stereotype, die in unseren Köpfen und der Sprache herumgeistern, die sowohl Ängste als auch Wünsche ausdrücken. Vielleicht sind es die historischen Abbildungen einer Lebenstreppe «von der Wiege bis zur Bahre», die bis zu einer Mitte, dem «Höhepunkt der Laufbahn», aufsteigen und mit dem Älterwerden absteigen bis zum gebückten Greisenalter und Grab. Diese Vorstellung, es gäbe einen «Zenit», von dem aus es «immer nur noch abwärts» gehe, spielt als Angst vor dem Alter bei vielen Angststörungen in der zweiten Lebenshälfte eine Rolle. Dieses Modell verleitet zu einem wehmütigen Blick zurück auf die Phasen der Jugend und des Aufbaus, als alles frisch, neu und voller Kraft war oder im Nachhinein verklärt so erscheint.

Wer sich hingegen mit Hoffnung auf stetigen Zuwachs an Erfahrung das Erreichen eines Zenits erst im höheren Alter vorstellt, mit der Möglichkeit, Stadien der «Weisheit» zu erlangen, lebt mit einem anderen Entwicklungsmodell, das zugleich die Gefahr einer Idealisierung und Leugnung von abnehmenden Kräften im Alter birgt.

In der Krise kreist die Wahrnehmung jedoch häufig um die Sorge vor Routine, Wiederholung des Immergleichen, innerer Leere und Verlust an Intensität. Da ist keine Vorstellung von Wachstum in die Höhe und Ausdehnung in die Breite wie bei Rilkes wachsenden Ringen eines Lebensbaums mit tiefer Verwurzelung. Es sind Kreisläufe wie die Jahreszeiten, die schneller wiederzukehren scheinen, eher monoton, eher spiralförmig abwärts als aufwärts gehend, oder es ist eine lange lineare Wegstrecke mit unvorhersehbarem Höhenprofil und plötzlichem Ende.

In Bezug auf den seelischen Lebensprozess kann ich nach meiner eigenen Ausrichtung und Orientierung in den Raum- und Zeitmodellen fragen: Wo fühle ich mich auf einer vorgestellten Zeitachse? Geht mein Blick mehr zurück oder nach vorn? Erlebe ich mehr das immerfort Kreisende oder das Fortschreitende? Wann geht die Zeit zu schnell oder zu langsam, wann ist sie stimmig? Möchte ich mit zunehmendem Alter eher «in meiner Mitte ankommen» und nach innen schauen, weil ich bisher stärker im Außen gelebt habe, oder möchte ich mehr aus dem Inneren nach außen bringen, weil ich eher *zurück*gehalten gelebt habe und mich nun aus inneren Verwicklungen heraus *ent*wickle?

Im räumlichen Wegmodell ist Mitte ein vages Territorium ungleich den Randbezirken, ein «Zwischendrin». Im dreidimensionalen Kugelmodell zeichnet die Mitte das Zentrum, einen Kern aus, in dem ein Mittelpunkt von allen Seiten gleich weit entfernt ist. Im Weltbild der Erde als Kugel besteht im übertragenen Sinn ein zeitlos brennendes Interesse am Erkennen, «was die Welt im Innersten zusammenhält», wie es Goethes Faust (1808) antreibt. Welche Kräfte bestimmen uns Menschen und unser Leben?

Übersetzt auf die Lebensmitte ist es die Suche nach dem Kern, dem Wesentlichen, dem Zentrum meines Daseins und nach dem, was mich ausmacht. Der Wunsch vieler Menschen ist, trotz der Unruhe des Lebens immer wieder in sich ruhend, zentriert und zufrieden leben zu können – was viele mit einem glücklichen Lebensgefühl verbinden.

Wovon dieses Buch spricht, ist jedoch das Gegenteil: der Verlust dieser inneren Mitte, der inneren Orientierung, verbunden mit einem haltlosen Infragestellen und Suchen. Mit diesem *Mittegefühl* möchte ich ein diffuses Gefühl bezeichnen, das mit einer Desillusionierung einhergeht, das aufwühlt, beunruhigt, vielleicht ängstigt und nicht mehr einfach wegzuwischen oder zu unterdrücken ist. Es kommt wieder. Es bohrt, unterhöhlt, stellt auf den Kopf oder lähmt, macht bedrückt und unzufrieden. «Etwas stimmt nicht mehr», es stimmt nicht mehr überein, was ich wollte und was ich lebe, und ich realisiere die verrinnende Lebenszeit.

Die Illusion wird entlarvt, dass es unendlich aufwärts gehe, immer schöner, besser, erfolgreicher, glücklicher, leistungsfähiger, dass Möglichkeiten, Wohlstand und Sicherheit immer zunehmen. Auch die Illusion, dass «alles» noch vor einem läge, alles möglich sei, wenn man nur wollte. Manches ist tatsächlich vorbei, unumkehrbar. Der biologische Körper sendet die deutlichsten Signale: keine Kinder mehr für die Frau; oder die Kinder, die man hat, mit den Erziehungsverhältnissen, wie sie sind; die Berufsaussichten, die im gelernten Beruf bestehen; die wirtschaftlichen Sprünge, die man machen kann. Gewisse Eckpunkte sind gesetzt, die ich annehmen muss. Das Dringliche des Mittegefühls rüttelt aber ungläubig an vielen Pfeilern: Was, wenn das nicht stimmt? Wenn doch noch nicht alles zu spät ist? Was, wenn ich einen Neuanfang machen könnte? Es gibt eine innere Notwendigkeit, dass nicht alles so bleiben soll, wie es ist.

Ein anderer Aspekt des Mittegefühls hat eher mit Verlorensein, Desorientierung und Ernüchterung zu tun. Die Mitte erscheint dann als eine schier endlos lange, breite «Zone», ein unbestimmbar großes Terrain, das anödet, wenn einem Gewohnheiten spießig und bedrohlich scheinen, ein eigener Platz ohne Sicherheit und «Erreichtes» jedoch auch ungemütlich wirkt. Ich schaue mich um und sehe um mich herum die «breite Masse» der «Mittelaltrigen». Die «anderen» sehen ja viel älter aus, verlebt, aufgegangen, aus der Form, bieder, bemüht teenagerhaft, tantig, kleinbürgerlich, konservativ, immer noch aussteigermäßig drauf, ewiggestrig, unendlich normal und angepasst ... Eine endlose Liste, wie Mann oder Frau nie sein und werden wollte und es an den anderen entdeckt, um es bei sich zu verdecken.

Eine weitere Position ist die des neidvollen Hinüberschauens zu denen, die «es geschafft haben», denen alles scheinbar problemlos zugefallen sei, die erfolgreich, glücklich und ohne die eigenen zweifelnden Fragen zu sein scheinen – die Position des Ausgeschlossenseins und Selbstmitleids, «nur ich habe es nicht bekommen». Manche behaupten auch: «Ich muss nicht mehr alles ausprobieren, das habe ich schon hinter mir, ich will es mir jetzt gut gehen lassen nach all dem Krampf». Es klingt gut, wer will nicht sagen können: «Bisher war es gar nicht so schlecht». Aber wirklich gut ist es doch nicht, eher eine Selbstberuhigung. Der Stillstand ist vorgezeichnet, noch ein paar Jahre, ein Jahrzehnt, und das große Gähnen des Überdrusses setzt ein. Sie überlassen sich der Bequemlichkeit, befördern sich innerlich, egal in welchem Alter, bereits in einen «Ruhestand», die Vorstufe des Stillstands. Wer lebendig bleiben will, nicht nur äußere, sondern auch innere Ziele verfolgt, gibt sich damit noch nicht zufrieden.

Aus der Sicht einer Meditationspraxis wie dem Zen-Buddhismus ist die ganze Betrachtungsweise von Anfang – Mitte – Ende und von Problemen mit der Vergänglichkeit das Problem selbst. Dass wir uns nicht mit dem Leben als von Moment zu Moment präsenter Gegenwart, die vergänglich ist, auseinandersetzen, häuft diese verdrängte Tatsache bis zu einem Punkt an, an dem wir sie erschrocken realisieren, zum Beispiel als Lebensmittekrise. Das Festhaltenwollen und die Fluchtversuche vor der Aufgabe, *jetzt* präsent zu sein und das Leben zu realisieren, treten deutlicher hervor. Wir finden vielerlei Fluchtbewegungen vor der Aufgabe, das endliche Sein anzuerkennen: in die Arbeit, in einen Lebensstil an der Oberfläche, in Zerstreuung, in völlige Selbstaufgabe als aufopferndes Leben für andere, in Selbstbetäubung durch Suchtmittel oder in Selbsttäuschung durch komplette Verdrängung. Wir verlieren dabei jedoch den Kontakt zu unserem Inneren.

Das Mittegefühl als selbstkritischer Zustand der Neuorientierung erhält seine existenzielle Schärfe erst dadurch, dass wir nicht mehr ausblenden können, dass immer mehr Lebenszeit vergangen ist und die Möglichkeiten, unsere Wünsche zu verwirklichen, nicht mehr unendlich zunehmen, sondern auf Begrenzungen stoßen. Wunsch oder Illusion und Realität prallen aufeinander. Zu unterscheiden, was reale und was nur vorgestellte Grenzen sind, und ob dieses schwierige und schmerzhafte Hinterfragen nicht auch eine Verdichtung des Lebensgefühls bewirken kann, ist eine Aufgabe der Befragung in diesem Buch.

Entscheidend ist, wie es nach einem ersten Innehalten oder einem unerwarteten Schockmoment weitergeht. Gehe ich weiter, als wäre nichts geschehen, damit die Erschütterung möglichst rasch vergessen wird? Weiche ich ihr schulterzuckend aus, «Das ist halt so, wir werden alle älter», ohne das Beunruhigende an mich herankommen zu lassen? Oder kann ich dem, was da an mich herankommen könnte, auf mich zukommt, nämlich die Angst vor dem Ende, entgegengehen und von Nahem betrachten, was diese Angst ist und in meinen tieferen Schichten auslöst? Ich gehe damit ein Risiko ein. Ich schaue nicht weg, nachdem ich etwas gesehen habe, gleich ob es mich überrascht, verstört, aufrüttelt, verängstigt, deprimiert. Ich setze mich dem Erleben des Gefühls aus, beobachte und untersuche es. Ich lasse mich erschüttern und ergreifen.

Ein weiteres Risiko ist die Konsequenz. Wenn ich etwas Aufrüttelndes erlebt habe, kann ich nicht mehr so einfach ignorieren, dass diese Erfahrung etwas anzeigt: ein Ungleichgewicht, etwas Verdrängtes, etwas, das eine Antwort verlangt oder eine Veränderung. Wenn ich so tue, als sei nichts gewesen, lüge ich mir umso mehr in die eigene Tasche, der innere Druck steigt. Es kann viel Zeit brauchen, dieses Etwas näher zu bestimmen. Auch große, weitreichende seelische Veränderungen können mit solch einer stark empfundenen Zäsur begonnen haben.

Im Erleben des Gefühls «Mittendrin» verdichtet sich also die Frage, was in meinem Leben zentral ist, was zum Mittelpunkt geworden ist und wie es mir mit zunehmendem Lebensalter damit geht. Wenn sich das Karussell der «großen Fragen» zu drehen begonnen hat, weil es Gefühle gibt, dass «etwas nicht stimmt, noch fehlt, nicht einfach immer so weitergehen kann», ist dies ein Indikator, dass sich hinter den manifesten Problemen, die jemand in die Psychotherapie führen kann, auch eine Krise des Älterwerdens in oder nach der Lebensmitte verbergen kann.

2.3 Krisentypen

Aus meinen Erfahrungen mit Männern und Frauen im mittleren Alter, die ambulant in der Praxis oder stationär in einer Klinik Psychotherapie suchen, lassen sich wiederkehrende, verschiedenartige Formen von Krisen und Behandlungsverläufen beschreiben. Ich verallgemeinere dabei das persönliche Erleben zu drei Krisentypen. Um im Bild des Lebenswegs zu bleiben, bilden diese unterschiedliche «Krisenlandschaften». An den starken Krisen, die zu psychiatrischen Erkrankungen und auch Klinikaufenthalten führen können, lassen sich die Gefühlslagen veranschaulichen, die in abgeschwächter Form auch bei «normalen» Krisen der Lebensmitte so auftreten, dass sie ohne Hilfe gelöst werden können.

Festsitzen

Die Gefühlslage ist unangenehm, bedrückt, unglücklich und verdichtet sich in Aussagen wie «Etwas stimmt nicht mehr», «Es geht nicht weiter», «Ich komme nicht raus, ich sitze fest». Die Vorstellung macht Angst, es gehe nun «immer so weiter» – jedenfalls bis zur Pensionierung als einem gesellschaftlich geregelten Einschnitt –, es passiere nichts wahrhaftig Neues, Unbekanntes mehr. Das Schreckensszenario ist, das Leben bestehe aus einer unendlichen Wiederkehr bekannter und schaler Wiederholungen und es gebe kein Aufhalten. Der Sisyphos stemmt den Felsklotz immer wieder hoch und scheitert. Die Welt erscheint sinnlos und leer, daher fehlt die Motivation, sich für etwas einzusetzen, noch etwas hochzuhalten und als wertvoll zu besetzen, auch im Hinblick auf die eigenen Fähigkeiten und Errungenschaften. Diese werden als «Das ist doch nichts» abgetan und verworfen. Die Stimmung ist depressiv, hoffnungslos oder missmutig und gereizt.

Andrea, die Umtriebige, beschreibt sich als tüchtig, immer aktiv, sie habe immer Lösungen gefunden, «alles gemanagt», selbst die Jahre als alleinerziehende Mutter recht gut überstanden. Ausgerechnet jetzt, da die Kinder sie nicht mehr so bräuchten, in Lehrstelle und Schule gut integriert seien, überkomme sie dieses Gefühl von Stagnieren, von Leere und Monotonie, dabei arbeite sie immer noch gern als Eventmanagerin. In den Gesprächen wird deutlich, dass sie bisher sehr einseitig gelebt hat, alles, was praktisch und rational organisiert und gelöst werden konnte, gab direkte Bestätigung und Befriedigung. Kinder, Beziehung, ein paar Freundinnen, sonst hatte nichts Platz. Sie nimmt ihr Feststecken wahr als «Ich habe mich verrannt».

Sichdavonschleichen

Die Gefühlslage ist lange unauffällig, andere merken es eher, wie jemand aus dem eigenen Leben davonschleicht, im Kontakt nicht mehr greifbar ist, in Rückzug geht und fremd wird. Wenn die betroffene Person es selbst wahrnimmt, sagt sie «Ich habe mich verloren», «Ich spüre mich nicht mehr» und umschreibt eine Entfremdung von sich selbst. Die Vergänglichkeit greift ins persönliche Geschehen ein: «War das schon alles?» «Was bleibt?» «Ich will doch noch so viel!» Diese Fragen rütteln am bisher vielleicht relativ unbesorgt optimistischen, vorwärtsdrängend Aufgebauten. Das beunruhigende Gefühl erzeugt einen inneren Druck, es könnte etwas Wesentliches fehlen, man habe seine Lebensziele verfehlt, sei ganz woanders herausgekommen, als wo man hinwollte. Wer dieses Gefühl an sich heranlässt, steht vor einer grundsätzlichen Desillusionierung, die alles infrage stellt. Zugleich erzeugt der innere Druck einen für die Betroffenen unerklärlichen Handlungs- oder Erwartungsdruck, externe Hilfe müsse schnell etwas bewirken: «Jetzt muss etwas passieren». Heftige Stimmungswechsel, Unzufriedenheit und Zweifel an allem greifen alle Lebensbereiche an, der Rückzug wird verteidigt, die Entfremdung zynisch verklärt.

Bruno, der Nachdenkliche, beschreibt sich als jemanden, der immer schon viel über sich und die Welt nachgedacht habe, der nicht so leicht und unbeschwert durch das Leben gegangen sei wie andere. Eine umfassende Frustration hat ihn ergriffen, er hat sich eingeigelt und hadert mit der «schlechten Welt», die immer profit- und aufmerksamkeitssüchtiger werde. Kein Wunder, dass er immer weniger hineinpasse und nicht dazugehöre. Am liebsten würde er sich einsam auf eine Alphütte zurückziehen, aber die Einsamkeit würde ihn «umbringen» und schließlich müsse er doch sein Auskommen haben und als Werklehrer arbeiten, etwas anderes könne er ja nicht. Es mache ihm nichts mehr Freude, seine eigene Werkstatt sei verstaubt, er mache nichts mehr, ein Künstler sei er eh nie gewesen und die Märkte würden überquellen von «dürftigem Kunsthandwerk». Seine Beschreibungen sind von einem zynisch-sarkastischen Ton durchzogen, gegen den schwer anzukommen ist.

Zusammenbrechen

Dieser Verlauf ist am offensichtlichsten und dramatischer. Die Betroffenen weisen zwar mit Krisenanzeichen wie Überlastung, Überforderung, Anstrengung, Reizbarkeit oder Stimmungsschwankungen darauf hin, dass sie nicht mehr im Gleichgewicht sind, ihr Körper mag Stresssignale geben wie Schlafstörungen, Kopf- und andere Schmerzen oder gehäuftes Krankwerden, aber sie überhören diese oft über lange Zeit: «Es geht schon noch», «Nach den Ferien dann». Besorgte Fragen oder Warnungen von außen werden beschwichtigt und in den Wind geschlagen – die typische Einengung im «Tunnelblick» einer Burnout-Entwicklung. Bis auf einmal die Erschöpfung überhandnimmt, die betroffene Person sich nicht mehr dagegen wehren kann, zusammenbricht oder nach einem Infekt buchstäblich nicht mehr aufstehen und sich zur Arbeit schleppen kann. Bei anderen passiert ohne direkte Vorankündigung ein plötzlicher Nervenzusammenbruch mit Weinen, Zittern, Angstanfällen oder ein Zusammenbruch aus Erschöpfung. Es kann sich so dramatisch zeigen, dass jemand vom Arbeitsplatz weg in die Klinik geführt wird, unter der Befürchtung, er:sie könnte sich etwas antun. Bei genauerem Hinsehen hat das engste Umfeld meist doch deutliche Hinweise gesehen und nachgefragt, was aber überhört oder abgewiegelt wurde. Am Boden zerstört heißt es nur noch «Ich kann nicht mehr», «Ich will nicht mehr», Rückzug von allem und allen, Erschöpfungsdepression oder mit weniger tabuisiertem

Etikett «Burnout», manchmal begleitet von panikartigen Angstanfällen. Das Ganze wird als «völliger Kontrollverlust» und sehr schlimm erlebt, da das bisherige Lebensgefüge von Leistung und Kontrolle auseinanderbricht im Versagensgefühl, «es nicht mehr im Griff zu haben».

Die Lebensgeschichte von *Christina, der Vermittlerin*, ist durchzogen von der Beschreibung «Ich war immer für alle da» – bei der Arbeit in der Versicherung immer hilfsbereit, in der Familie zum Einspringen bei kranken Babysitter:innen für die Nichten und Neffen und Altersbeschwerden der Eltern immer zur Stelle, im Freundeskreis und im Verein so beliebt, weil sie so gut zuhören könne und immer ein offenes Ohr für die Probleme anderer habe. Als die neue Chefin jedoch immer mehr fordert und Lob nur noch selten kommt, spürt Christina Stress aufkommen. Sie versucht, die Aufgaben «noch besser» zu erfüllen, noch mehr einzuspringen, wenn Kolleg:innen ausfallen – ein ewiges Hamsterrad. Sie fällt abends todmüde ins Bett und schläft doch schlecht, hat häufig Kopfschmerzen, wird langsamer und unkonzentriert bei der Arbeit, nimmt darum Arbeiten mit nach Hause, um «aufzuholen». Dadurch schafft sie es nicht mehr in den Sportverein und den Chor. So geht es über Monate, bis sie sich nicht einmal mehr in den Ferien erholt. Am zweiten Arbeitstag bricht sie mit Panik im vollen Zug auf dem Nachhauseweg fast zusammen, kommt kaum mehr aus dem Bett und schleppt sich am nächsten Morgen zum Arzt.

Die drei Typen und ihre Repräsentant:innen Andrea, Bruno und Christina werden uns mehrfach im Buch begegnen. Sie sind verdichtete, fiktive Lebensgeschichten mit Merkmalen, wie sie typischerweise vorkommen, unabhängig von Geschlecht, Nationalität und Beruf. Sie repräsentieren auch Figuren innerseelischer Konflikte, die wir alle in unserem Unbewussten tragen, daher können wir uns an verschiedenen Stellen wiedererkennen.

2.4 Übergänge als Fragezeiten

Im Verlauf des Lebens gibt es immer wieder Phasen des Übergangs von einer Entwicklungsstufe in die nächste. Am augenfälligsten ist dies bei Kindern zu beobachten, vom Säugling zum gehenden und sprechenden Kleinkind, Kindergarten- und Schulkind, Jugendlichen in der Pubertät und schließlich zum Erwachsenen, der mit Berufsleben, Partnerschaft und Familie eigene Verantwortung tragen kann. In den Phasen dazwischen, an den Übergängen, sind wir seelisch besonders verletzlich. Altes soll nicht mehr gelten und hinter sich gelassen werden, Neues ist unbekannt, macht Angst oder reizt mit Neugier. Aber die Fähigkeiten der neuen Entwicklungsstufe müssen erst gelernt werden. Trennung, Abschied und Aufbruch in Unbekanntes liegen eng beieinander, wir befinden uns an einer Schwelle, die spürbar ist.

Die Entwicklungspsychologie benennt für die verschiedenen Lebensalter «Entwicklungsaufgaben», an denen wir ein Leben lang wachsen und reifen können. Aus Sicht der Psychotherapie genauer betrachtet sind es «Entwicklungskonflikte», denn es ringen seelische Kräfte miteinander, um sich von Bisherigem lösen zu können und mit den neuen Anforderungen zurechtzukommen. An diesen Übergängen kann es häufiger zu seelischen Krisen kommen, weil sie uns herausfordern. Wir müssen uns verändern, anpassen und neue Lösungen finden. Das Gewohnheitstier in uns hört das nicht gern, schiebt es lieber auf, möchte sich drücken. Aber häufig werden wir nicht gefragt, etwas Unerwartetes ist einfach da in Form eines sehr belastenden Erlebnisses, eines sogenannten «kritischen Lebensereignisses» oder in Form von Umbrüchen, wie sie in Kapitel 2.5 näher erklärt werden. Auch für die verschiedenen Phasen des Älterwerdens in der zweiten Lebenshälfte gibt es diese «Entwicklungsaufgaben», die in Kapitel 4 detailliert aufgefächert werden.

Wie reagieren wir nun auf das Bewusstwerden der Krise, gleich, ob wir eher ein Andrea-, Bruno- oder Christina-Typ sind? Außer bei den «kritischen Lebensereignissen» zwingt uns niemand von außen, es sind die Signale des Körpers oder eigene Gefühle, die wir beachten können oder ignorieren und weitermachen wollen, die typische Schutzbewegung in der Burnout-Entwicklung. Diese Tendenz kann sich aber auch im psychisch gesunden Zustand durchsetzen: Etwas sperrt sich gegen Veränderung. Das Gewohnte verspricht Sicherheit, man meint, sich auszukennen mit sich und der Welt. Neuerungen sind anstrengend, erfordern eine Auseinandersetzung, etwas auseinanderzunehmen, einen fremden, kritischen Blick auf das zu richten, das wir gern als unverrückbar und unverhandelbar verteidigen. Wir wollen, dass ganz vieles so bleibt. Das Fixierenwollen zeigt jedoch Angst, die wir zu kontrollieren versuchen. Aber auch das Gegenteil, plötzlich solle «alles ganz anders werden», klingt illusorisch und überspringt etwas Schmerzhaftes am Übergang.

Fragen haben eine rebellische Kraft. Sie können umwälzender sein als wissenschaftliche Erklärungsversuche, weltanschauliche oder politische Beeinflussung, Ratschläge oder Appelle. Ernst gemeinte und genommene Fragen können tief im Inneren treffen. Sie können bohren und nicht mehr aufhören, in geschützte Bereiche einzudringen. Sie können uns nicht mehr loslassen: «Was machst du eigentlich mit deinem Leben? Was ist eigentlich mit deiner Beziehung? Machst du das, was du wolltest?» – «Ich möchte es gar nicht so genau wissen» ist ein häufiger Abwehrreflex, mit der die Reflexion, das prüfende Betrachten und Hinterfragen rasch wieder gestoppt werden soll. Eine beliebte Haltung ist heute «Fragen heißt Probleme lösen», und das bitte ganz schnell und wirtschaftlich. Dieser Augenwischerei erliegen wir nur zu gern, denn sie bedient unsere Angst vor Veränderung und Risiko ideal.

Große Fragen zeigen sich auf verschiedene Art und Weise. Sie können sich ganz direkt und sichtbar stellen: *Ist das der richtige Mann für mich? Soll ich bei der Ehefrau bleiben oder der neuen Verliebtheit folgen? Ist diese Arbeitsstelle alles, was ich erreichen kann?*

Was fange ich mit meiner Zeit an, wenn die Kinder aus dem Haus sind? An der Oberfläche ist der Frageinhalt konkret bekannt und sichtbar. Es wirkt, als ob nun eine einfache, praktische Problemlösung folgen würde. Doch die Tiefenwirkung der Frage kann eine ganz andere sein, die zunächst verborgen ist: Erlaube ich mir, die Beziehung zu hinterfragen? Was passiert, wenn ich hier weiterdenke und die Sicherheit des Gewohnten aufgebe? Was, wenn ich herausfinde, dass ich bisher viel Potenzial verschenkt habe und noch etwas ganz anderes lernen oder arbeiten möchte, was aber einen Sprung ins Ungewisse bedeutet? Was, wenn hinter der Frage nach neuen «Beschäftigungsmöglichkeiten» eine tiefe Leere und Trauer aufbrechen könnte, weil der bisherige Lebensinhalt tiefere Fragen, was mich eigentlich ausmacht, zugedeckt hat? Dass das «Funktionieren» in der Verantwortung für andere die eigenen Selbstzweifel gut kaschieren konnte? Die scheinbar «einfachen» Fragen verbergen eine Kette von unbequemeren Fragen und allmählich beginnt die Verunsicherung.

Unverstellter kommen Fragen daher wie: *Was mache ich hier eigentlich? Und so soll das jetzt immer weitergehen? Ist das eigentlich das, was ich wollte? Wo bin ich geblieben?* Sie sind allgemein und holen weit aus, die Unzufriedenheit und das Hinterfragen sind umfassend – und daher bedrohlich, denn es könnte ein ganzer Hang ins Rutschen kommen. Man kann sie daher auch als Schutzmaßnahme benutzen, sich dahinter verstecken, um eben nicht konkreter weiterzufragen und in Missmut und Unzufriedenheit hängenzubleiben: eine Haltung des Misstrauens und der Schwarzmalerei, die die Kraft der Fragen gerade ausschalten will, ein Fragekiller, der jegliches Untersuchen verunmöglichen soll, auch wenn er sprachgewaltig im Gewand von Satire und bitterbösem intellektuellem Humor daherkommt. Das momentane Lebensgefühl dieser Fragesorte ist zunächst nur eine Unzufriedenheit. Wer ihr nicht nachgeht, kann sich einem depressiv getönten Lebensgefühl hingeben und versinkt passiv in vermeintlicher Ohnmacht, in klagendem Stöhnen über unveränderbare Sachzwänge.

Aber die eigentliche, umstürzlerisch tiefe Frage wird vermieden, ihr Bohrer wird nicht weiter angesetzt. Der Grund mag ein Erschrecken sein, dass das Weiterfragen an den Grundfesten rütteln könnte, dass mächtige Fragen aus dem Inneren den Lebensentwurf auf den Kopf stellen könnten.

Eine beschönigende Form liefert mit der Frage schon eine passende Antwort, die den kritischen Geist jedoch stutzig macht. Etwas scheint zu einfach, zu schnell, zu fixfertig. Es riecht nach Selbsttäuschung. Das Verschleiern kann durch psychologisch klingende Floskeln, allgemeingültige, aber wenig hilfreiche Ratschläge geschehen, die oft in Du-Form übernommen werden. *Da musst du jetzt halt durch. Du musst einfach nur loslassen. Versuch positiv zu denken! Nimm dich selbst an!* Der wohlmeinende Ton, leicht von oben herab, ist unüberhörbar und fordert geradezu eine aggressive Selbstverteidigung heraus – *Wenn es so einfach wäre!* Als gäbe es für alle Fragen einfache Antworten, je simpler, desto gültiger. Zugleich wird eine Verunsicherung erzeugt, dass gerade ich nicht zu den Auserwählten gehöre und warum ich nicht in der Lage bin, mein Leben mit solchen Maßnahmen der Selbstbeeinflussung zu verändern. Und damit wird die Selbstzweifelspirale weiter angekurbelt. Auch hier dürfen die eigentlichen Fragen nicht mehr gestellt werden, denn bereits, dass das Fragen nicht aufhört, wird als *Du machst alles zu kompliziert* abgetan. Die tiefen Fragen und Gefühle machen das Leben jedoch kompliziert, weil unser Denken, Fühlen und Handeln nicht nur durch uns bewusste Inhalte bestimmt wird, sondern sich unbewusste Wünsche und Ängste dazwischenstellen und uns mehr steuern, als wir glauben möchten.

Alle drei Varianten zeigen, dass wir die «eigentlichen» Fragen erst aufspüren müssen, dass die Ausgangsfragestellung nur den Beginn eines Wegs der Selbstbefragung anzeigt, dessen Verlauf unbekannt ist. Er führt ins Ungewisse und kann Unbehagen und Angst auslösen, was rasche äußere Lösungen nur scheinbar aus dem Weg räumen. Wer sich nicht auf das Fragen einlassen will, wird manches Interessante dieser ungewissen Wegabschnitte «übergehen», das verunsichernde Gelände des Übergangs soll schnell überquert oder gleich übersprungen werden.

Dieses Buch möchte dazu einladen, das Tempo zu drosseln und näher hinzuschauen, wenn Fragen ein Signal setzen, dass «da etwas ist» oder «nicht stimmt». Die Zeichen des Übergangs sind vielfältig und sollen hier sichtbar werden. Dessen Chance liegt in jeder Lebensphase darin, die Vielschichtigkeit freizulegen und die Lebensstränge neu zu ordnen: zu beobachten, wo wie viel Energie und Liebesmühe fließt, wo Kraft wohnt und wo Verschleiß und Schutzmaßnahmen erschöpfen. Je älter wir sind, desto mehr Erfahrung haben wir aufzuweisen, wie wir Schwierigkeiten bewältigt haben, aber auch, was einem zum ganz persönlichen Gefühl des tiefen Glücks verholfen hat. Die Kraft des Aufschiebenkönnens wird brüchiger, weil mit dem Älterwerden das vermeintlich beschleunigte Verrinnen der Zeit eine Dringlichkeit schafft, das sich dem Lebensgefühl der 30-Jährigen, die noch «alles» vor sich haben, entgegensetzt. Welches «Alles» ist denn auf der Strecke geblieben? Was drängt sich jetzt unberücksichtigt auf? Dass ich vielleicht zum ersten Mal so deutlich Begrenzung im Leben wahrnehme, dass nicht mehr «alles» und vor allem nicht gleichzeitig möglich ist, erzeugt Druck, mich diesem Übergang als Chance des verdichteten Fragens zuzuwenden, um den eigenen Standort wahrhaftig zu untersuchen.

Was kann ich dem Übergehenwollen entgegensetzen? Wenn so viel von *Fragen* die Rede war, wo bleibt die Aussicht auf *Antworten?* Ich verspreche als Autorin nicht, Antworten zu «haben». Den Wunsch nach «Man nehme X, und alles wird gut» muss ich enttäuschen, weil er dem vielschichtigen Aufbau der menschlichen Seele und des Lebens widerspricht. Wenn ich wirklich Fragen habe, werde ich diese Fragen und diesen Zustand nicht so leicht los. Das Auflösen geschieht nicht, indem ich eine von außen gelieferte fertige Antwort wie einen Baustein in die Leerstelle einfügen kann und es dann passt. So lässt sich vielleicht fehlender Wissensinhalt einsetzen. Wie sich ein Fragezustand, der sich unangenehm und dringlich zugespitzt hat, auflösen kann, geschieht jedoch oft schwer erklärbar nach einem längeren Prozess. Es vollzieht sich etwas in mir, die Antwort offenbart sich in einer inneren Gefühlsbewegung, sei es als Ablösungsbewegung mit Trauer, sei es ein aggressiverer Impuls, sich von etwas zu trennen, oder ein mutiger Vorstoß, einen Schritt über etwas Beängstigendes zu machen. Ich *werde* dabei zur Antwort, indem ich mich der inneren Bewegung überlasse. Nachträglich ringe ich um Worte für die Erfahrung der «Antwort», die «etwas mit mir gemacht hat». Aus dem Unbewussten konnte sich ein tieferes Wissen, was das Richtige sei, in Form einer intuitiven Bewegung oder eines Impulses durchsetzen, der Weg hat bisherige Ängste und Hürden überwunden. *Irgendetwas in mir hat mir gesagt, dass ich das jetzt so machen muss. Ich konnte nicht anders, ich mussste das einfach tun. Etwas ist mit mir passiert, und auf einmal war alles so klar. Es fühlte sich auf einmal so richtig und gut an.*

Wir kommen ins Stammeln, wenn sich eine tiefe Verbundenheit und Momente des Einsseins mit unseren tiefen Wünschen einstellen. Die Erfahrung solcher Klarheit und Einfachheit kann kein geschriebenes Wort erfassen. Antworten müssen sich ereignen, damit sie eigene, tief gefühlte und nachhaltige Veränderungen auslösen. Den Weg dorthin, der über das Zulassen der inneren Befragung und Untersuchung geht, versuche ich jedoch mit den thematischen Verdichtungen in den Kapiteln 4 & 5 zu beackern und den Boden zu bereiten. Jede:r hat sein eigenes Dickicht, in dem er:sie sich verstrickt findet. Aber auch die Möglichkeiten, sich wieder zu befreien, sind individuell. Auf diese ureigensten Kräfte neu vertrauen zu lernen oder sie zu suchen, soll der befreiende Teil des Buchs aufzeigen. Die Erfahrung «Die Antwort kommt aus mir heraus» bedeutet, über den Übergang, der als Abgrund Angst erzeugt hat, eine Brücke gebaut zu haben. Manchmal bemerken wir sie erst, wenn wir schon darübergehen.

2.5 Ein stark unterschätztes Alter

Hauptthese: Das Alter von 45 bis 60 Jahren wird stark unterschätzt. Es steht unter besonderen Anforderungen der Entwicklung.

Obwohl der Volksmund selbstverständlich von «Midlife-Crisis» redet, wird das Alter von 45 bis 60 in der psychotherapeutischen Fachliteratur bislang wenig berücksichtigt oder speziell untersucht. Das Feld bleibt mehrheitlich der populärpsychologischen Ratgeberliteratur oder Betroffenenberichten überlassen. Auch die psychoanalytische Theorie, die sich stark als Entwicklungspsychologie von den ersten Anfängen des Lebens an versteht, ist bis zum Erreichen des Erwachsenenalters sehr ausgearbeitet, aber hat sich erst in den letzten 30 Jahren für ein eigenes Verständnis der Lebensaufgaben und inneren Konflikte im Alter zu interessieren begonnen. Und was ist dazwischen? Nach der Spätadoleszenz in den 20ern sollen bis zum Alter alle Konflikte und psychischen Krisen ausschließlich mit denselben inneren Prägungen seit der Kindheit erklärbar sein, ohne dass das zunehmende Alter und die sich wandelnden Lebensumstände etwas Neues oder Veränderung bringen würden?

Dass die innere Ausstattung des Menschen durch die unbewussten, emotionalen und charakterlichen Lösungen, die er in den ersten Jahren und bis zum Erwachsensein gefunden hat, bestimmend bleiben, ist unbestritten. Jedoch spricht aus meiner Erfahrung mit Klient:innen vieles dafür, die Jahre rund um die Mitte des Lebens viel genauer und als eigene Lebensphase zu beschreiben, die sogar unter ganz besonderen Anforderungen der Entwicklung steht: Aus der Psychotherapie im Alter mit psychoanalytischem Schwerpunkt stammt ein Modell, nach dem die lebenslange Entwicklung durch drei verschiedene «Organisatoren», man könnte auch sagen «Motoren», gesteuert wird (Heuft, 1994):

- In der Kindheit und Jugend baut sich die Entwicklung entlang der Sexual- und Aggressionstriebe auf. Der Trieb ist Organisator der Entwicklung.
- Im mittleren Erwachsenenalter bestimmt der Aufbau von Beziehungen zu anderen die Entwicklung.
- Im höheren Alter übernimmt der Körper mit Grenzen und Einschränkungen die weitere Entwicklung.

In den Jahren um die Lebensmitte, die hier von 45 bis 60 Jahren weit gefasst wird, können wir daher unter besonders starken Druck kommen: dann, wenn auf der einen Seite aus den bisherigen Lebensphasen noch große «unerledigte» Aufgaben mitgetragen wurden oder wenn tiefe unerfüllte Triebwünsche mit zunehmendem Alter drängender werden, wenn die Beziehungsaussichten vielleicht auch nicht zum Besten stehen, wenn von der anderen Seite, dem Älterwerden, bereits ein Druck auf das Bewusstsein entsteht, dass nicht mehr ewig und für alles Zeit sein könnte, und wenn Anzeichen des Älterwerdens Angst machen. Dies führt zu einer ungemütlichen Lage «im Sandwich» der Entwicklungsaufgaben, die verstärkt wird durch die «Sandwich»-Position zwischen den Generationen im äußeren Leben – Aufgaben für die Kinder wie für die Eltern.

Statt des Lebensgefühls «Eins nach dem anderen» sind alle Anforderungen zugleich da und fordern uns heraus. Gleichzeitig sind häufig aber auch enorme Kräfte vorhanden durch Erfahrung, bereits Geschafftes, berufliche Kompetenz und Einfluss. Diese können allerdings überschattet werden durch Wünsche und Anpassungsleistungen aus der Vergangenheit.

3 Unbehagen

Was ist los mit mir?

These: Das Unbehagen entsteht durch Druck von drei Seiten: von außen, unerfüllten Wünschen und dem Realisieren der begrenzten Lebenszeit.

Zwei innere Entwicklungsanforderungen und die äußere Realität prallen aufeinander: Obwohl wir uns nicht mehr ganz jung fühlen, nachdem wir die Aufgaben des Erwachsenenlebens jahrzehntelang zu erfüllen versucht haben, staunen wir doch, wenn wir anders wahrgenommen werden und nun bald zu den «Älteren» gehören sollen. Durch das Bewusstsein, nicht endlos für alles Zeit zu haben, können auf einmal alte Wünsche, noch nicht Erreichtes, Unerfülltes oder Unerledigtes drängend und dringlich werden und zu innerem Druck und Unbehagen führen.

3.1 Mittendrin in Verantwortung und Übergängen

Welche äußeren, sichtbaren Anforderungen werden an die Angehörigen der mittleren Generation gestellt?

1. Mehrfachrollen können zur Mehrfachbelastung werden: Viele Frauen und Männer stecken in vielfacher Verantwortung, zum Beispiel als Berufsfrau – Mutter – Ehefrau – Haushälterin – Elternbetreuerin – Gärtnerin (in individueller Rangfolge). Oder als Berufsmann – Vater – Ehemann – Mithelfer im Haushalt – Berater der eigenen

Eltern – Hobbysportler. Zu diesem Idealbild können noch erschwerende Umstände hinzukommen: Stellenverlust, eigene Erkrankung, Scheidung/Trennung, Sorgerechts- und Unterhaltskonflikte, alleinerziehend, Wochenendvater/-mutter, Probleme mit den Kindern, krankes Kind, verwitwet, kranke:r Partner:in, kranke Geschwister, Demenzbetreuung, Krankheit und Tod der Eltern, Haushaltsauflösung, Erbstreitigkeiten. Die Liste ist beliebig zu ergänzen. Die vielfache Beanspruchung kann zu psychischem Dauerstress werden.

2. Hormonelle Schwankungen und Veränderungen der Wechseljahre führen bei manchen Frauen zu starken Stimmungsschwankungen, Unruhe und Schlafstörungen, was sie insgesamt labiler und anfälliger für Sorgen und emotionale Krisen macht.
3. Die Wechseljahre der Frau führen vor Augen, dass der Körper nicht ewig unverändert verfügbar und reproduktionsfähig ist. Es gibt ein totales «Aus», ein «Zu spät» für den Kinderwunsch. Auch der Mann kann abgeschwächt Hormonschwankungen und Veränderungen erleben, die auch ihm das Älterwerden vor Augen führen. Das Risiko für Abnutzungserscheinungen (Gelenkschmerzen, Verletzungen), Herz-Kreislauf- und andere schwere Erkrankungen steigt. Diese Vorboten des Älterwerdens können einen plötzlich betreffen und «einschlagen».
4. In der Familie besteht die Aufgabe, sich Ablösungskonflikten mit Jugendlichen in der Pubertät und Adoleszenz zu stellen und gleichzeitig für die alternden Eltern in Rollenumkehr mehr Verantwortung zu übernehmen, deren Altern zu begleiten, sie zu unterstützen oder sich von ihnen abzulösen und sie zu verabschieden. Das Ausziehen der Kinder wie der Abschied von den Eltern kann als Ende einer Lebensphase mit Trauer und Trennungsschmerz verbunden sein und eine Sinnkrise verstärken.

5. Der Druck im Beruf kann mit wachsender Erfahrung stetig zunehmen. Karriereschritte bedeuten nicht nur Anerkennung und Befriedigung, sondern auch höherer Einsatz, Verantwortung, Verfügbarkeit und Zwischenpositionen im mittleren Kader. Technischer Fortschritt und Neuerungen führen immer schneller zu veraltetem Wissen und erfordern Weiterbildungen, Abläufe und Organisationen werden häufig umstrukturiert. Für «ältere Arbeitnehmer:innen» kann der Wind plötzlich rauer werden, sodass Erfahrung auf einmal weniger zählt als die Flexibilität und Schnelligkeit der Jüngeren. Unter Druck bleibt oft keine Alternative, manche müssen entfernte Arbeitsorte in Kauf nehmen.
6. Mit dem Bewusstwerden der körperlichen Verletzlichkeit, begrenzten Lebenszeit und Endlichkeit entsteht seelisch Druck auf ungelebte Wünsche oder schlechte Lösungen innerer Arrangements. Man möchte noch so viel realisieren, erleben, kennenlernen, dazulernen, aber wofür bleibt Zeit?

3.2 Inneres Drängen aus Sicht der Triebpsychologie

Das innere Unbehagen kann vielerlei Gründe haben. Gemeinsam ist ihnen, dass uns etwas als nicht im Gleichgewicht und unbefriedigend erscheint, dass es «so» nicht weitergehen könne und sich etwas verändern müsse, um aus dem Unwohlsein, Drängen und Suchen oder der Erschöpfung einen Weg herauszufinden. Es hat mit seelischen Kräfteverhältnissen zu tun, die aufbrechen oder an etwas festhalten wollen. Ein Leben lang muss der Mensch für sein bewegtes Innenleben mit gegensätzlichen Strömungen innere Lösungen finden, die ihm nur zu einem Teil bewusst sind. Sigmund Freud war der Pionier, der diese zur menschlichen Psyche gehörenden Antriebskräfte entdeckt und ausformuliert hat, in immer wieder überarbeiteten Theorien zu den Triebkräften, die er «Triebe» nannte – den Selbsterhaltungstrieb, die Sexualtriebe mit verschiedenen Teilströmungen, den Aggressionstrieb und Todestrieb. Jede Triebkraft ist jeweils verbunden mit einem besonderen Lustgewinn und einer Befriedigung sowie Unlust und Frustration, wenn keine Befriedigung möglich ist.

Nicht alle seine Theorien überzeugten nachfolgende Anhänger:innen der Psychoanalyse, vor allem der Todestrieb wurde abgelehnt, von vielen auch die Annahme eines angeborenen Aggressionstriebs. Dass es eine Lust am Zerstören, an Macht und am Töten geben kann, lässt sich zwar in Gewaltexzessen und Kriegen quer durch die Völker und Geschichte beobachten, als Eigenschaft des Menschen wollen wir sie jedoch nicht gern sehen, lieber als eine Kraft, die erst als Reaktion auf Frustration und Gewalt entsteht.

Unserer Disziplin ist es heute angenehmer, sich mit «schöneren», harmonischeren Modellen von früher Bindung zwischen Eltern und Kind und deren Störungen zu beschäftigen, oder wie sich die innere Struktur der Persönlichkeit bildet und dabei «gestört» werden kann. Die Weiterentwicklungen in der Psychoanalyse haben auch mit veränderten Krankheitsbildern im Lauf des 20. Jahrhunderts zu tun, für die man andere Behandlungsmodelle entwickelt hat und damit Menschen im gesamten Spektrum der psychischen Erkrankungen besser helfen kann. Vor der breiten Palette an Theorien und Modellen gerät jedoch manchmal aus dem Blick, dass wir die Beschaffenheit der menschlichen Seele nicht verändern, nur akzeptieren und zu verstehen versuchen können. Es gibt also verschiedene «Lager» oder Fraktionen, und die Psychoanalyse ist dabei, ihre eigenen Ursprünge in der Freud'schen Triebtheorie zu verdrängen, zu verleugnen und sich damit selbst zu schwächen.

Die Ausbildung der Triebe findet in verschiedenen Phasen der Kindheit von der Geburt bis zum Alter von etwa acht Jahren statt. Dabei entwickelt jedes Kind aufgrund realer Erfahrungen und seiner Fantasien eigene Lösungen für die damit verbundenen inneren Konflikte und wie man sie mit Schutz- oder sogenannten «Abwehrmechanismen» am besten in Schach hält. Es gibt Lebensphasen, in denen diese Konflikte eine Neuauflage erfahren, das heißt wieder stark aktiviert werden und weiter reifen können, zum Beispiel in der Pubertät mit dem Erwachen einer erwachsen werdenden Sexualität und in der Adoleszenz mit der Wahl von beständigeren Beziehungspartner:innen, dem Aufbau von beruflichen Fähigkeiten und der Möglichkeit, selbst Kinder zu bekommen.

Ich stelle die These auf, dass in der Lebensmitte eine Übergangsphase eintreten kann, in der die bisher gelebten und gefundenen Lösungen erneut auf den Prüfstand kommen. Die Anforderungen des Erwachsenenlebens mit Beruf, Einkommenssicherung, Partnerschaft und der Frage, ob mit oder ohne eigene Familie, haben viele Entscheidungen erzwungen, die Kompromisse und das Zurückstellen anderer Wünsche notwendig machten. Allein schon Beruf, Familie und Partnerschaft unter einen Hut zu bekommen, erfordert enorme Kräfte, die für andere Bedürfnisse nicht zur Verfügung stehen. Diese sind vielleicht in den Hintergrund geraten, vielleicht auch «vergessen» gegangen, seelisch aber damit nicht verschwunden, nur unbewusst geparkt oder schlummernd. Sobald es eine Gelegenheit auf Realisierung gibt, melden sie sich wieder: beim Selbstständigwerden der Kinder, bei Trennung und Scheidung, beruflicher Eintönigkeit oder Überforderung. Von etwas hat man «genug» und etwas anderes «fehlt». Es fühlt sich zu einseitig an.

Wir können auch nicht alle Wünsche gleichzeitig umsetzen, manches kann im Lebenslauf nur nacheinander geschehen, aber wenn uns «etwas packt», können Konflikte mit anderen Bedürfnissen entstehen, zum Beispiel nach Sicherheit und Voraussehbarkeit oder den Bedürfnissen des Partners, der Partnerin. Veränderung bedeutet gleichzeitig Aufbruch und Bedrohung. Neben uns zugänglichen, bewussten Zukunftswünschen sind wir aber auch angetrieben von unbewussten Sehnsüchten und Ängsten.

Etwas, was schon kleine Kinder beschäftigt und uns ein Leben lang nie loslässt, sind die Geschlechter des Menschen. Kinder zeigen die Neugier für das eigene und das andere Geschlecht und glauben zunächst ganz selbstverständlich, man könne beides haben, und das andere «komme dann schon noch», das Organ werde noch wachsen oder sich bilden. Es ist ein langer, verwickelter und dramatischer seelischer Prozess von Hoffnungen und Enttäuschungen an den Eltern, die diesen verständlichen Wunsch nicht erfüllen können. Der Ablauf gipfelt in der erstmals von Freud formulierten «ödipalen Phase» im «Ödipuskonflikt», im Wunsch, es erst von der Mutter, dann vom Vater zu «bekommen», sie oder ihn zu heiraten und ganz für sich haben zu wollen.[3]

Weil dieser glühende Liebeswunsch des Kindes mit einem Erwachsenen nicht möglich ist und weil die genitale Ausstattung dafür noch mangelhaft ist, steigert sich die Enttäuschung in einem Wutanfall bis zum fantasierten gewaltsamen Entreißen des väterlichen Phallus, der «Kastration», und damit diese ungeheuerliche Raubtat nicht auffliegt, später in Mordfantasien. Danach ist die Katastrophe perfekt, weil man es mit beiden Eltern und seinen sexuellen Wünschen verdorben hat und Angst vor Rache haben muss. Dies geschieht alles im Seelischen des Kindes und zeigt sich äußerlich an der Stimmungslage oder in angedeuteten Äußerungen. Am Ende bildet sich das Gewissen als strenge innere Instanz, vor der man innerlich immer unter Anklage dieser «Tat» steht und die in Zukunft aufpasst, dass einem «so etwas Ungeheuerliches, so ein schlimmer Fehler» nicht wieder passiert. Es folgt noch eine aggressive Steigerung, dass man einen sexuellen Ausweg in der analen Befriedigung durch ein heftiges Übermanntwerden sucht, das lockt und zugleich große Angst erzeugt, weil man sich eine Intensität, einen «Hammerschlag» wünscht, den man aber körperlich nicht überleben würde.

3 Freuds Errungenschaft und eigene Entdeckungslust hat an dieser Stelle aufgehört, vieles blieb zu wenig ausgearbeitet, unverständlich und unvollständig. Dies hat die Zürcher Psychoanalytikerin Judith Le Soldat (1994, 2020, Werkausgabe seit 2015; s.a. Fäh, 2021) weiter erforscht und ausformuliert. Ihr Werk ist noch wenig verbreitet. Die folgenden Ausführungen gehen – sehr vereinfacht – auf ihre erweiterte Triebtheorie zurück.

So ungeheuerlich ist die Triebausstattung des Menschen, dass wir nicht nur die sexuelle Befriedigung ersehnen, die uns unser eigenes biologisches Geschlecht ermöglicht, sondern auch die aktiv eindringende oder die passiv aufnehmende Befriedigung, die wir am eigenen Körper nicht erleben können. Dennoch sind die Wünsche im Seelischen vorhanden und können eine sehr drängende Sehnsucht werden – beim Mädchen soll noch ein «eigener Penis» wachsen, beim Jungen soll eine Öffnung in der Körpermitte noch aufgehen, der «Kolposwunsch». Diese Organe werden in der Fantasie gebildet und bleiben psychisch ein Leben lang wirksam. So gesehen sind wir seelisch eine «Fehlkonstruktion» mit Wünschen, die physiologisch unmöglich sind.

Die Hauptschwierigkeit ist aber, dass die gesamten Abläufe meist tief verdrängt, das heißt nicht mehr unserem Bewusstsein zugänglich sind, weil wir nicht erinnern *wollen*, wozu wir psychisch im Wutanfall in der Lage waren und sind. Unserer rationalen, aufgeklärten Vernunft geht es völlig gegen den Strich, als Erwachsene noch von unerfüllbaren, «irrationalen» Wünschen angetrieben zu sein, dass diese uns unglücklich machen könnten und wir nicht «darüberstehen». Wir weisen es schnell als «extreme, übertriebene Theorie» weit von uns. In längeren Psychotherapien oder Psychoanalysen können diese Fantasien mitsamt ihren Komplikationen jedoch wieder allmählich ans Licht des Bewusstseins kommen, damit man reifere und befriedigendere Lösungen für das kindliche Dilemma findet.

Denn in den psychischen Störungen des Erwachsenenalters und auch der Lebensmitte lassen sich Symptome finden, die auf diese Triebdynamiken hinweisen und die Menschen zutiefst unglücklich oder verzweifelt machen. Wir sind eben keine rein rational gesteuerten Wesen, sondern unsere Gefühle sind eng mit den teilweise verdrängten sexuellen und aggressiven Wünschen und entsprechenden Ängsten verbunden. Einige Konfliktlagen werden in Kapitel 4.3 dargestellt.

3.3 Innere Antreiber und Kritiker

Überdruss und Stillstand

Ein weiteres unbehagliches Gefühl ist das von Überdruss und Stillstand, gipfelnd in der alles hinterfragenden Frage: «War das schon alles?» Zu viel Bekanntes, Vorhersehbares, Langweilendes, nicht mehr Forderndes löst ein angeödetes Gefühl des Immergleichen aus, das als Angstvorstellung auch in eine unendliche Zukunft geworfen wird: Geht es jetzt *immer* so weiter? Lustlos im Kreis gehen oder auf der Stelle treten kommt kurz vor dem Stillstand. *Andrea, die Umtriebige* (vgl. Kap. 2.3), erlebt dies als Monotonie, Leere und «Festsitzen», sie wirkt müde, lustlos und deprimiert.

Verpassen

Bei *Bruno, dem Nachdenklichen*, bewirkt das Wahrnehmen der verrinnenden Zeit tiefe Selbstzweifel, ob er seine Lebensziele nicht irgendwie verpasst, sich selbst verloren hat. Er verbirgt dies jedoch hinter seiner pessimistischen Weltsicht und vergräbt sich im Rückzug, scheint wie aus seinem Leben ausgestiegen zu sein, und damit verpasst er es tatsächlich zunehmend. Er lässt es passiv an sich vorbeiziehen, scheint aber auch Angst vor Veränderung zu haben, denn er hält am Bekannten fest. Hinter dem Gefühl des Verpassens lauern unangenehme, bohrende Zweifel: «Was machst du eigentlich aus deiner Zeit? Aus deinen Fähigkeiten? Für wen bist du da? Hinterlässt du Spuren? Setzt du deine Kräfte ein und wofür, oder lebst du auf Sparflamme? Bestimmst du dein Handeln oder lässt du andere bestimmen? Etwas fehlt, aber was?» Es sind verstörende Fragen.

Erschöpfter Zusammenbruch

Der Zusammenbruch und das Erschöpfungsgefühl «Ich kann nicht mehr» von *Christina, der Vermittlerin*, sind die Folge eines beschleunigten, nicht zu stoppen scheinenden «Hamsterrads». Es wird wohl seit Längerem nicht mehr von lebendigen Wünschen angetrieben, sondern von mechanischen inneren Antreibern wie «Pflichtgefühl», «Funktionierenmüssen», «Für die Sicherheit», «Erwartungen erfüllen». Wessen Erwartungen sind es, wer verlangt die Pflicht? Was ist der Preis der vermeintlichen Sicherheit?

Die stärksten Erwartungen kommen aus unserem Inneren, vom Gewissen als innerer kritischer Instanz. Es wird durch in der Kindheit verinnerlichte Normen, Werte und Erziehungsstile gebildet, ist jedoch meist viel strenger als das reale Verhalten der Eltern. Wie stark wir uns dem Gewissen unterordnen oder uns unbekümmert über es hinwegsetzen können, hat mit der inneren Verarbeitung kindlicher Konflikte zu tun. Diese sind von Angstfantasien begleitet, was passieren würde, wenn wir das Gewissen missachten, und ob wir daher unsere spontanen Impulse zulassen können oder sie lieber kontrollieren und hemmen.

Wir können jedoch lernen, die Gewissenskommentare und -vorwürfe wahrzunehmen und uns dagegenzustellen. Das macht es möglich, mehr Verantwortung für unsere Entscheidungen zu übernehmen und zu merken, wie viel des Erwartungsdrucks «hausgemacht» ist, den wir auch nach außen auf andere – Partner:in, Familie, Vorgesetzte – projizieren. Oder wir stellen fest, dass wir mehr Wahlfreiheit hätten, aber Konflikte scheuen, zu bequem oder ängstlich gegenüber Veränderungen sind.

Das Gewissen kann ein gnadenloser innerer Antreiber und vernichtender Kritiker sein, der immer maßlos übertreibt und, wenn er nicht bemerkt und hinterfragt wird, bis zu selbstausbeuterischem und erschöpfendem Verhalten wie bei Andrea oder Christina führt. Er hat aber immer auch etwas recht, wenn etwas nicht gut läuft, wir nicht wirklich unser Bestes geben, und er bringt bei Andrea und Bruno auch berechtigte Zweifel vor. Schließlich kann er, vor den richtigen Karren gespannt, auch zu Aufbruch und guten Leistungen anfeuern. Ihn kennenzulernen, sich ihm zu stellen und ihm seinen Platz zuzuweisen statt sich umgekehrt von ihm kleinmachen zu lassen, ist eine wichtige Aufgabe für alle, die unter Gewissensdruck und Schuldgefühlen leiden. Wir begegnen ihm in den nächsten Kapiteln wieder.

Belastende Lebensereignisse und Traumatisierungen

Unter dem Anforderungsdruck der Lebensmitte können sich auch über Jahrzehnte einigermaßen gut bewältigte Belastungen aus dem Kindes- und Jugendalter wieder bemerkbar machen. Bei den dramatischer verlaufenden depressiven Zusammenbrüchen und Angststörungen spielt dies im Hintergrund oft eine Rolle, ohne dass es den Betroffenen bewusst sein muss.

Dazu gehören zum einen frühe und schwere eigene Erkrankungen, frühe Verlusterfahrungen eines Elternteils oder Geschwisters, aber auch schwierige familiäre Bedingungen durch ein schwer krankes oder behindertes Geschwister oder durch ein psychisch krankes Elternteil. Es sind weniger die Ereignisse an sich, die nachwirken, sondern wie sie verarbeitet wurden und welche Anpassungs- und Bewältigungsformen dadurch notwendig wurden. Bei Überforderung der Eltern oder anderen Bezugspersonen übernimmt das Kind schnell und ungefragt zu viel Verantwortung, psychisch und durch aktives Mithelfenmüssen. Manche Kinder gehen daraus gestärkt hervor, werden früher selbstständig und selbstbewusst. Aber wenn es zu einer regelrechten Rollenumkehr gekommen ist, bei der das Kind Elternfunktionen für einen Elternteil oder jüngere Geschwister übernehmen muss, ist es ein verdeckter Risikofaktor dafür, ein Leben lang unbewusst immer wieder in überfordernde Situationen hineinzugehen, sich zu wenig zu schützen und ausnutzen zu lassen, weil es als Kind ja «normaler Alltag» war und innerlich das Bekannte ist.

Zum anderen ist es möglich, dass überwältigende, bedrohliche und grenzüberschreitende Erlebnisse, die wir als Traumatisierungen im engeren Sinn bezeichnen, wieder innerlich aktiv werden. Die Betroffenen können dann bisherige psychische Lösungsversuche nur noch teilweise aufrechterhalten und von den bisher verdrängten oder abgespaltenen Erlebnissen tauchen einzelne Erinnerungsfetzen auf oder machen sich in Albträumen, unerklärlichen Ängsten und Schlafstörungen bemerkbar. Die Schutzmechanismen halten dem inneren und äußeren Druck dann nicht mehr stand. Auch belastende gegenwärtige Erlebnisse können Erinnerungsreize auslösen und plötzlich ist Vergangenes wieder sehr nahe.

Dies heißt nicht automatisch, dass nun das Trauma als solches direkt bearbeitet werden müsste, es könnte dabei auch zu einer unerwünschten (Re-)Traumatisierung kommen. Aber es ist wichtig zu verstehen, dass sich real geschehene Verletzungen und Erlebnisse wieder melden und man unter fachlicher Begleitung wieder mehr innere Sicherheit gewinnen und alles einordnen kann. Denn ähnlich wie bei den Belastungen in der Familie sind es vor allem die psychisch notwendigen Schutzmaßnahmen, die sich auf Dauer als Traumafolgen auswirken, wenn sie sehr kräfteraubend oder sogar selbstschädigend waren. Auch dazu mehr im nächsten Kapitel.

3.4 Älterwerden als Kränkung

Das Älterwerden an sich stellt unsere Wünsche nach unendlichen Möglichkeiten, Weiterentwicklung in allen Lebensbereichen, unaufhörlicher Kraft und Hoffnung, das Leben werde immer noch besser, schöner und reicher infrage. Der Wunsch nach ewigem Jungbleiben und Junggebliebensein, einem unbeschwerten Immerfort, dauerhaft und fast unsterblich, stößt auf Realitäten, die Begrenzung erfahrbar machen. Die früher oder später unausweichlichen Veränderungen, denen sich Kapitel 4 im Einzelnen widmet, rütteln an unserem Selbstwertgefühl, und wenn dieses nicht auf mehreren Säulen stabil steht, bringen sie es vielleicht auch ganz aus dem Gleichgewicht. Dann sprechen wir von «narzisstischen Krisen»: Narziss, ein Jüngling in der griechischen Mythologie, verliebte sich beim Blick ins Wasser in sein Spiegelbild. Ein gewisses Maß an Selbstliebe gehört zur seelischen Gesundheit, auf ihr beruht Selbstvertrauen und die Fähigkeit, mit sich etwas anzufangen. Für ein mehr oder weniger stabiles Selbstwertgefühl ist es notwendig, als Kind ausreichend Anerkennung, Bestätigung und positives Gespiegeltwerden erfahren zu haben. Aber auch über die ganze Lebensspanne wirken sich bestätigende Rückmeldungen und Anerkennung wohltuend aus. Wenn sie gänzlich ausbleiben oder wir nur Kritik ernten, braucht es ein «dickes Fell» an Selbstwertgefühl, um davon nicht angegriffen zu werden. Schwankungen des Selbstvertrauens gehören jedoch dazu, wir tragen immer eine gewisse Empfindlichkeit oder Verletzlichkeit in uns, wenn wir uns nicht wahrgenommen, verstanden oder anerkannt fühlen – dann reagieren wir gekränkt.

Das Selbstwertgefühl kann auf verschiedenen Säulen (Mentzos, 2009, S. 68) ruhen, die für die Zufuhr an Wertschätzung sorgen: auf der Anerkennung für Leistung, auf der Liebe zu anderen Menschen und auf der Anerkennung durch das eigene Gewissen als innerer Instanz. Sind in der persönlichen Entwicklung seit der Kindheit Schwachstellen in einer oder mehreren dieser Säulen spürbar, können sie entweder durch die Verstärkung einer anderen Säule ausgeglichen werden oder es besteht eine besondere Verletzlichkeit. Kommt es zu einem krisenhaften Einbruch des Selbstwertgefühls, weil eine Säule wegzubrechen droht, kann sich eine Depression entwickeln.

Depressionen in und nach der Lebensmitte kann auch eine solche Thematik zugrunde liegen. Bisher gewohnte Quellen für Bestätigung, die unbemerkt und stetig das Selbstwertgefühl «gefüttert» haben, können plötzlich wegfallen: Die Kinder lösen sich ab und lassen die Eltern «links liegen». Die Arbeitsstelle ist bedroht oder eine Zurücksetzung signalisiert, dass Jüngere ans Ruder kommen. Krankheit zwingt persönlich bedeutsame Körperfunktionen in die Passivität. Das Gefühl von Attraktivität schwindet oder ist durch den Verlust des Partners, der Partnerin bedroht. Etwas geht verloren und aus dem plötzlichen Wanken des Selbstwerts wird spürbar, welche stützende Funktion eine Aufgabe oder ein Mensch gehabt hat.

Vielleicht versuchen wir, die Lücke wieder zu füllen: durch die nächste Beziehung nach demselben inneren Schema, eine aufopferungsvolle Aufgabe, ein neues berufliches Projekt, ein aufwendiges Hobby. Die Schieflage des Selbstvertrauens und der Graben des Selbstzweifels, der sich aufgetan hat, sollen möglichst rasch beseitigt werden. Denn die tiefe Kränkung und die Enttäuschung sind verbunden mit verletztem Stolz und Beschämung – und Scham ist eines der unangenehmsten Gefühle, das wir um jeden Preis vermeiden wollen. Das bedeutet im extremen Fall sich weiterpushen, Stärke markieren, vermeintlich selbstbewusst auftrumpfen, wenn nötig mit äußeren Attributen für Erfolg: ein imposantes Auto, edle Kleidungsstücke, eine repräsentative Wohnwelt. Der zutiefst verborgene innere Mangel soll überdeckt werden. Es darf gar keine Krise sichtbar werden.

Der Nachteil ist: Wir vergeben uns damit die Chance auf eine kritische Rückschau, worauf bisher das Selbstvertrauen aufgebaut war, wodurch es weiterhin genährt werden kann und wo etwas weggebrochen ist, das Unbehagen und Angst auslöst. Dort könnte ein Motor für Veränderung entstehen, denn umfassende Veränderungen im Leben machen wir nur unter Druck – von außen oder von innen. Das Wahrnehmen einer narzisstischen Krise, in der das Selbstwertgefühl gegen Null geht, kann ein solcher innerer Druck sein: Etwas muss sich grundlegend ändern. Das Lebens- und Selbstwertgefühl soll auf anderem, soliderem Grund stehen.

Zunächst stehen jedoch vor allem Defizite und eine Mängelliste im Raum: «Das alles kann ich nicht mehr, dort genüge ich nicht, jetzt fühle ich mich nutzlos, andere können alles besser, nur ich fühle mich wie ein Trottel ...» Selbstzweifel bewahren uns vor größerem Schaden, aber überwiegen sie mit Abwertung der eigenen Fähigkeiten, lassen wir zerstörerische Kräfte in uns wirken, die das Selbstvertrauen angreifen. Es können sich selbst verstärkende Abwärtsspiralen des geduckten Gefühls entstehen, nichts wert zu sein, nichts mehr zu bringen, bei dem Lebenssinn und -freude verloren gehen können bis hin zu Wünschen, nicht mehr leben zu wollen. Spätestens dann braucht es ein professionelles Gegenüber, das diese Zuspitzung der Krise des zutiefst gekränkten Selbst ernst nimmt.

4 Baustellen

Was treibt mich um?

4.1 Fragen an Andrea, Bruno, Christina

> **These:** Es stellen sich viele Aufgaben zwischen dem Ablösen bisheriger Lebensmuster und der Auseinandersetzung mit dem Älterwerden.

Nachdem die bisherigen Kapitel die Vielschichtigkeit der Lebenslage mit ihren Fragen, unbehaglichen Gefühlen und Themen aufgefächert haben, werden nun einige Hauptstränge als konkrete Entwicklungsaufgaben herausgearbeitet, «Baustellen» der Selbstbefragung oder psychotherapeutischen Arbeit. Dazu kommen wir auf die drei Typen der Lebensmittekrise aus Kapitel 2.3 zurück, Andrea, Bruno, Christina.

Bei *Andrea, der Umtriebigen*, zeigt sich eine depressive Verstimmung, oder, wenn sie nicht mehr arbeiten und ihren Alltagsaufgaben nachgehen könnte, eine ausgeprägte depressive Phase. Sie hat sich einseitig auf ihre aktiven Fähigkeiten verlassen, ihr Selbstwertgefühl stützt sich allein auf diese Säule: Leistung, Tüchtigkeit und Einsatzwille gaben Bestätigung oder sichtbare Ergebnisse, dass sie etwas wert ist, auch für die Kinder. Die Sicherheit, die der geregelte Alltag einmal gegeben hat, das Verlässliche, das sie nach der Trennung vom Vater der Kinder bieten wollte, fühlt sich nun abgenutzt und leer an, «totgelaufen». Sie realisiert, dass sie innerlich in dieser Routine wie abgestorben ist, nur noch am «Funktionieren» war, um Funktionen zu erfüllen, die von anderen gebraucht wurden. Aber darin war sie richtig gut, schnell, effizient. Der aktuelle Partner arbeitet auch so viel, sodass es ihr nicht auffiel.

Das Gefühl des «Festsitzens» erzwingt das Gegenteil: eine Vollbremsung und Verlangsamung. Weil in der depressiven Stimmungslage nichts mehr recht Lust und Freude macht, die Interessen wie der Antrieb matt werden, kann sie überhaupt erst langsam realisieren, mit welchem Tempo sie immer aktiv unterwegs gewesen ist, «auf der Überholspur», wie sie nicht nur sich, sondern auch andere damit gestresst hat, dass sie alles gleichzeitig fertig haben wollte und zunehmend gereizt reagiert hat, wenn etwas nicht nach ihrem Plan lief.

Welche Fragen stellen sich mir als Therapeutin, worüber würde ich gern mehr erfahren?

- Was waren ihre *Ziele und Wünsche*, wofür sie so gelebt hat?
- Seit wann kennt sie diesen starken Antrieb, einen inneren *Antreiber*?
- Wie hat sie ihre *Herkunftsfamilie* erlebt, was war erwünscht, was wurde belohnt?
- Was verbindet sie mit *Aktivsein*, welche Gefühle erzeugt es?
- Was wäre, wenn sie dies alles nicht mehr könnte, wie wäre *Passivsein* für sie?
- Welche Signale hat ihr *Körper* ihr gegeben?

Das wären erste Themenbereiche, um zu sondieren, wo Andrea für sie sehr bedeutsame oder für mich auffällige Inhalte erzählt und wo starke Emotionen oder Stressanzeichen zu spüren sind.

Bruno, der Nachdenkliche, hat sich in seiner Unzufriedenheit, in Frust und Klage eingerichtet. Wenn er schließlich doch Hilfe sucht, wird er seine pessimistische Sicht auch auf die Therapie richten oder sie muss das Gegenteil seiner negativen Erwartung beweisen und soll ihm gerade die «Lösung» präsentieren. Er wird also Druck aufbauen und mich schnell entwerten können, wenn ich nicht «liefere», wenn «nichts passiert». Ich werde ihm diesen Druck, der schwer auszuhalten ist, spiegeln müssen als seinen eigenen inneren Druck, dass «etwas fehlt». Ob er sich darauf einlässt, ist offen. Wenn er doch noch von einem anderen Leben träumt, wird er den inneren Druck in anderer Stimmung spüren, als Sehnsucht oder Unruhe, die ihn auf Besserung hoffen lässt, wenn ich seine Lage richtig erfasse.

Bruno hat den Kontakt zu sich verloren, er sucht etwas, aber weiß nicht was. Alles, was er kennt, missfällt ihm, wirkt schal und sinnlos. Die Stimmung kann sehr wechselhaft sein, mal versucht er wie bisher etwas vom Zaun zu brechen, verbissen, dann gibt er resigniert auf und bemitleidet sich selbst. Wenn er sich an Menschen richtet, wirkt es appellativ: «Hilf mir!», «Mach etwas, dass ich mich besser fühle». Er ist dann ganz auf der passiven Seite, auch die Therapeutin soll aktiv an ihm etwas vollbringen, ohne sein Zutun, ein «Wunder». Er ist in einer depressiven Stimmungslage, weil er zutiefst innerlich überzeugt ist, es fehle ihm etwas, das, was die Frauen haben. Es ist ihm aber gar nicht bewusst.

An welche Fragen würde ich bei ihm denken?

- Warum kommt die Krise «jetzt», ist er in einer Angst, es könne bald *zu spät* für etwas sein?
- Was verbindet er mit dem, was er sucht, wie reagiert er auf die Beschreibung *passiver* Eigenschaften?
- Worüber ist er so enttäuscht? Hat es mit enttäuschten Hoffnungen an andere Menschen zu tun? Gab es *Kränkungen, Verluste*?
- Spürt er seine unterschwellige *Wut*, die sich hinter Zynismus oder dem Druck in der Kommunikation verbirgt?
- Wann war es noch «gut» in seinem Leben? Was hat er da *gekonnt, im Beruf, in der Liebe*?

Wie bei *Christina, der Vermittlerin*, kann sich bei Mann oder Frau eine typische Burnout-Überlastungssituation aufbauen, wobei die Mehrfachbelastungen (wie in Kap. 3.1 beschrieben) beliebig variieren können, auch ohne eigene Kinder. Für Außenstehende ist es nicht zu verstehen, oftmals «nicht mit anzusehen», wie sich jemand immer mehr abrackert, ausbeutet, Raubbau an seinem Körper und seiner seelischen Gesundheit betreibt. Dies ist nicht mehr mit «normalem» Engagement und Einsatz zu verstehen. Ähnlich wie bei Andrea, nur viel offensichtlicher ist der ungeheuer hohe Leistungsanspruch und innere Antrieb Christinas. Aber der wird zunächst als «unumstößlich» oder «notwendig» verteidigt, als wäre es eine angeborene Charaktereigenschaft. Die Frage ist hier nicht nur, woher dieser Antrieb kommt, sondern welche Funktionen er erfüllt.

Was also kann man sich fragen?

- Wessen *Erwartungen* versucht Christina zu erfüllen, sind ihr diese überhaupt bewusst?
- Was wäre, wenn sie die Leistungen nicht mehr bringen könnte (wie jetzt durch den Zusammenbruch)? Welche Katastrophe, welche *Angstszenarien* tun sich da auf?
- Wann hat sie zum ersten Mal welche *Körpersignale* gespürt, wie ging es weiter?
- Welche *Rolle* hat sie in der Herkunftsfamilie gegenüber den Eltern und Geschwistern eingenommen? Gab es Erkrankungen, besondere *Belastungen*?
- Was ist so schlimm am «Kontrollverlust»? Welche *Angst* darf dahinter nicht hochkommen? Welche *Wünsche*?

Die kursiven Stichworte in den Fragen werden in den nächsten Unterkapiteln wieder auftauchen und acht allgemeinen Hauptthemen zugeordnet, mit denen Menschen in der zweiten Lebenshälfte als «Entwicklungsaufgaben im Laufe des Älterwerdens» konfrontiert sind. Sie wurden vom Begründer der deutschsprachigen Psychotherapie im Alter Hartmut Radebold 1992 formuliert und dienen als Leitfaden für die Anforderungen, die sich uns stellen, wenn wir nicht stehenbleiben und auf seelische

Weiterentwicklung verzichten wollen. Der Begriff «Entwicklungsaufgaben» leuchtet uns in der Entwicklungspsychologie des Kindes- und Jugendalters ein, wo er entstanden ist. Dass diese Aufgaben jedoch über die gesamte Lebensspanne nicht aufhören, dass wir uns bis zum Tod weiter verändern, nicht nur im Sinne von Wachstum, sondern auch bei Einschränkungen und Verlusten über Anpassungen, hat die Alterspsychotherapie neu formuliert.

Wenn wir offen darauf hören, schleichen sich diese Fragen als innere und äußere Konflikte bereits in die Krisen der Lebensmitte ein und klingen dort schon an – noch nicht als *Anforderung zur Anpassung oder Veränderung*, aber als *Entwicklungskonflikt*, als Spannung aufeinanderprallender seelischer Kräfte. Das ist die «Sandwich-Position» der mittleren Jahre.

Wenn ich daher diese Entwicklungsthemen meinen psychotherapeutischen Ansätzen als Themengerüst zugrunde lege, hat dies mehrere Gründe:

1. Zum einen möchte ich die jeweils persönlichen Fragestellungen einer allgemeingültigen Struktur zuordnen und einen Erklärungsrahmen anbieten.
2. Meine Arbeit in Einzel- und Gruppentherapien mit Menschen ab der Lebensmitte zeigt mir über die Jahre auf, dass sich an diesen Fragen viele Kernkonflikte des Alltags verdichten oder entzünden und jede:r irgendwie damit beschäftigt ist, selbst in der Vermeidung.
3. Können diese Konflikte intensiv bearbeitet werden, entsteht ein innerer Veränderungsprozess, der nicht nur die aktuelle Situation löst, sondern auch auf die kommenden Phasen des Älterwerdens vorbereitet (Kap. 5 & 6).

4.2 Entwicklungsaufgaben des Älterwerdens

4.2.1 Reagieren auf den sich verändernden Körper

Nicht wenige Menschen in den mittleren Jahren schildern in der Therapie einen konkreten Moment des Erschreckens beim bewussten Wahrnehmen des eigenen Spiegelbilds. Graue Haare, Falten, Furchen, lichte Stellen oder kahle Ecken im Haar, Augenringe und Tränensäcke, verletzte Körperteile, Fettpolster erscheinen plötzlich wie im Zerrspiegel übergroß, verunstaltend und niederschmetternd: «Das bist du jetzt also, dein ungeschöntes, wahres Gesicht». Was eine starke subjektive Verzerrung ist, wird für einen objektiven Beweis des eigenen unaufhaltbaren Abstiegs und körperlichen Zerfalls gehalten. Die «Problemzonen» werden nicht mehr nur an begrenzten Stellen festgemacht, sondern scheinen bis ins Gesicht hinaufgerutscht, wo sie nicht mehr kaschiert werden können. So öffnet sich das Feld für die gekränkte Wahrnehmung, den subjektiven «Skandal» des überkritischen Hinschauens. Worauf wir vielleicht einmal stolz waren, die äußere Attraktivität, wird ausschließlich an Attributen der Jugendlichkeit wie glatter, straffer Haut, vollem, farbigem Haar und unverbrauchten Gesichtszügen festgemacht. Das innere Körperbild passt nicht mehr zum Alter des Körpers – und plötzlich kommt das Erschrecken, dass hier etwas auseinanderklafft.

Auch beim Einstieg in die Gruppentherapie mit der Frage «Woran merken Sie das Älterwerden?» beginnen fast alle Teilnehmenden mit Anzeichen das Körpers: Falten, Haare, Gewichtszunahme, viele Funktionen, die nachlassen (Augen, Gehör, Kraft), Abnützungserscheinungen (Gelenke, Sportverletzungen), das Risiko für schwere Erkrankungen nimmt zu, ebenso die Erholungszeit und das Schlafbedürfnis. Wir wissen es alle und kämpfen damit. Die Kosmetik zählt ab 40 auf die sorgenvolle Beschäftigung der Frauen – und zunehmend auch der Männer – mit einer «reifen Haut». Weibliche graue Haare waren lange Zeit fast ein Tabu.

Neu ist in der Lebensmitte – für diejenigen, die bisher mehrheitlich gesund waren –, dass der Körper ein «Eigenleben» zu führen beginnt, dass er «mitredet», nicht mehr alles klaglos mitmacht wie früher – aus dem Stand eine Extremwanderung oder durchwachte Nächte. Wer sich nicht aus gesundheitlichen Gründen, aus Interesse oder durch Sport bereits intensiv mit den Körperfunktionen beschäftigt hat und seinen Körper kennt, versteht seine Signale schlecht oder ignoriert sie. Techniken zur Schulung des Körperbewusstseins, des Atems und der Beweglichkeit wie Yoga, Tai Chi, Qigong, Pilates, Meditations- und Achtsamkeitsübungen kommen diesem mangelnden Einklang von Körper, Geist und Seele entgegen.

Der Körper ist nicht dafür gemacht, acht Stunden bewegungslos zu sitzen, auf Bildschirme zu starren, nur die Finger zu bewegen. Strategien, wie man Zeitdruck, Multitasking, Stressempfinden und Ärger reduzieren und gesund bleiben kann, sind notwendig. Ob es eine gute Pausenkultur ist, Humor, Sport, Tanzen, Körperübungen, Freundschaften oder Kultur in der Freizeit – es kommt nicht von selbst. Wir sind selbst dafür verantwortlich, wie wir unseren Körper behandeln. Er serviert uns spätestens ab der Lebensmitte die Rechnung, wenn wir seine Bedürfnisse nicht ernst nehmen.

Nur gelingt es gerade denen, die es am dringendsten bräuchten, oft am wenigsten. Wer Risikokandidat:in für Burnout ist, hat genau dies schlecht gelernt. Wie bei Andrea und Christina wurde belohnt, wenn sie von sich absehen, sich für andere aufopfern, alles geben und Hochleistungen erfüllen. Sie gebrauchen den Körper jahrzehntelang wie eine Maschine, verlassen sich darauf, dass er funktioniert. Wie beim Sport soll er gefordert und genutzt werden, dass er immer noch mehr leisten kann. Wenn der innere Antrieb jedoch sagt «Es ist nie gut genug», «Geht nicht, gibt's nicht», «Du musst das Unmögliche schaffen», gerät etwas aus der Balance – mit den Jahren und Jahrzehnten immer stärker. Wenn der Druck am Arbeitsplatz zunimmt durch Umstrukturierungen, wenn junge Kolleg:innen manche technischen Neuerungen schneller umsetzen, wenn der Aufstieg in mehr Verantwortung auch mehr Leistungsdruck bedeutet, wenn wir uns nicht schützen können vor übermäßigen Ansprüchen, diese sogar noch mit eigenen, noch strengeren inneren Maßstäben verdoppeln, laufen wir Gefahr, früher oder später auszubrennen.

In Konflikt kommen wir auch, weil wir uns mental ja noch «so jung» und eigentlich «in den besten Jahren» fühlen, viel Wissen, Erfahrung und Beziehungen haben, wir wollen «dranbleiben», dazugehören und setzen unsere mentale Energie mit der körperlichen gleich. Wir wollen gleich schnell, schön, begehrt, ausdauernd sein wie vor 20 Jahren – aber wir sind es vielleicht oft nicht mehr. Der Körper führt uns vor, dass Älterwerden eine tiefe *Kränkung* ist. Wir passen nicht mehr in die Schönheitsideale von Jugendlichkeit, elastischer glatter Haut, Schlankheit. Wir müssen immer mehr dafür tun, um uns in unserem Körper wohlzufühlen, uns dennoch attraktiv zu finden. Das Eingestehen der Kränkung – dass wir uns zurückgesetzt fühlen können, wenn Blicke den jungen Frauen und Männern gelten, wenn Männer deutlich jüngere Partnerinnen wählen und umgekehrt Senioren in uns eine «Jüngere» sehen – ist die langandauernde Herausforderung. Unser Idealbild von uns selbst wird mit einer entgegengesetzten Realität konfrontiert. Ein gesunder Stolz und Eitelkeit werden angegriffen, der Selbstrespekt vor unserem veränderten Körperbild ist nicht mehr so einfach zu haben.

Wird der Körper durch eine schwere oder chronische Erkrankung schon im mittleren Alter stark beeinträchtigt, konfrontiert er uns manchmal jäh und unvorbereitet mit der Verletzlichkeit, unserem Gefährdetsein, dass nichts selbstverständlich ist, wir kein «Anrecht» auf Gesundheit haben, keine Garantien selbst bei bewusstem Lebensstil. Die *Illusion der Unverwundbarkeit* wird zerstört: Da ist ein Teil des Körpers elementar verwundbar, verletzlich, vielleicht irreparabel. Der Körper führt uns die *Endlichkeit* vor Augen, die biologische Uhr tickt zwischendurch vom Ende her, bis wir wieder aus der Gefahrenzone draußen sind und die Sterblichkeit wieder besser verdrängen können. Wer es aushält, dieses Fenster immer wieder offenzuhalten, kann daraus eine Intensivierung des Lebensgefühls erlangen. Noch mehr haben uns die Menschen voraus, die durch wiederkehrende oder chronische Beeinträchtigungen schon früh lernen mussten, sich mit Grenzen auseinanderzusetzen, auch bei wiederkehrenden psychischen Erkrankungen.

Denn zusätzlich konfrontiert uns der eingeschränkte oder schmerzhafte Körper mit *Grenzen*, mit *Unmöglichem*, mit *Verlusten*. Von manchen geliebten Bewegungsarten muss man sich verabschieden. Und wenn dies die hauptsächliche oder einzige Bewältigungsform für psychischen Stress war, kann dies als ein auslösender Faktor am Anfang einer depressiven Entwicklung stehen. Je nachdem, wie stark wir ein Körperorgan mit Bedeutung aufgeladen und «besetzt» haben, ist die nun erzwungene Anpassungsleistung subjektiv eine riesige Hürde. Kann man auf Ersatzbefriedigungen ausweichen, Alternativen finden, die auch lustvoll oder zum Spannungsabbau dienen? Für jemanden, der:die den Adrenalinkick oder die Glückshormone beim Extremsport gewohnt ist, ist es wie ein Entzug. Ein Ablöse- und Abschiedsprozess mit allmählichen Anpassungen ist notwendig. Und es gibt einen Vorgeschmack darauf, dass dies bis ins hohe Alter erst der Anfang einer Reihe von *Einschränkungen und Anpassungen* ist.

Wenn wir ehrlich mit uns sind, macht all dies auch Angst, und manchmal ist es notwendig, die Erschütterung der Angst zu erleben, um einen Weg zu finden, mit der neuen Situation zu leben. Dafür kann es umso wichtiger werden, das wertzuschätzen, was der Körper alles sonst noch kann, welche vielfältigen Freuden und Lustgefühle er uns bereitet, sei es im Sexuellen, im allgemein Sinnlichen, in der Bewegung. Wenn wir uns achtsam in der Wahrnehmung der verschiedensten Sinnesreize schulen, entdecken wir eine neue Intensität, wie sie Kinder ganz natürlich empfinden – das Fühlen des Untergrunds unter der nackten Fußsohle, ein feuchter

Moosgeruch im Wald, der Geschmack einzelner Kräuter auf der Zunge, einer Waldbeere, das Windrauschen in den Bäumen, das Lichtglitzern auf dem Wasser, die Farbtöne der Gräser im Herbstgebirge. Der langsame und der beschwingte Schritt, das Bewegtwerden vom tiefen Atem. Das Einfachste, vor der Nase, vor der Haustür, wird zum Besonderen – wenn wir hinhören und nicht davoneilen.

4.2.2 Umgehen mit Bedürfnissen nach Liebe, Selbstbehauptung, Anerkennung

Liebe

Unsere Liebesbedürfnisse begleiten uns durch das ganze Leben. Es gibt Zeiten, in denen sie uns tragen und beflügeln, weil sie erwidert und erfüllt werden. Zu anderen Zeiten treiben sie uns unruhig vor uns her, suchend, hoffend, bangend. Oder wir fühlen uns von ihnen enttäuscht, verraten, verloren, im Stich gelassen, einsam. Mal sind es starke Wünsche, Sehnsüchte, mal ein triebhaftes Verlangen, mal scheint alle Glut erloschen. Die Liebeskräfte sind psychisch eng verknüpft mit der Lebensenergie, sie vitalisieren uns, lassen uns stark und begehrenswert fühlen oder aber auch matt, ermüdet, lustlos, unlebendig. Die ganze Bandbreite gehört dazu, verläuft in Wellen und Zyklen, gebunden an unser Beziehungsglück oder -unglück, und ist davon abhängig, wie stark wir die Wahrnehmung unserer tiefsten Gefühle zulassen, uns erfassen und beunruhigen, aufregen und enttäuschen lassen. Es sind auch die riskantesten Gefühle, die uns in existenzielle Krisen und Ängste versetzen können – uns auszuliefern, abhängig zu werden, uns im anderen zu verlieren, von Fremdem bedrängt, verletzt, verschlungen oder wieder verlassen zu werden. Und doch bleibt diese Ursehnsucht nach Verschmelzung, Leidenschaft, Einswerden für Momente im Sexuellen, Seelischen und Emotionalen der tiefste Antrieb unserer Psyche.

In Kapitel 4.3 werden einzelne Komplikationen vertieft. Hier geht es um die Frage, wo wir uns in der Lebensmitte mit diesem Sammeltopf an heißen Emotionen gerade befinden. Sie ist nur sehr persönlich zu beantworten und hängt von vielem ab – dem Beziehungsstatus, der persönlichen Liebesbiografie, der Geschichte der aktuellen Beziehung, den körperlichen Möglichkeiten beider Beziehungspartner.

Häufig wird die Lebensmitte der Frau so dargestellt, dass sie mit den Wechseljahren und einer «nachlassenden Libido (Liebeskraft)» eingeläutet werde, als würde die hormonelle Umstellung für eine automatische Lust- und Spaßbremse sorgen, etwas verzögert beim Mann ebenso mit dem Nachlassen des Testosterons. Dann scheint es recht ausweglos für die einen, die in ihren Wünschen unerfüllt leben, und vielleicht erleichternd für diejenigen, die kein befriedigendes Liebesleben gefunden oder gewählt haben. Man kann dies dann als Grund oder Aufhänger nehmen, aufzugeben, sich enttäuscht zurückzuziehen vom Beziehungs- oder Liebestraum und die tieferen Wünsche zu begraben.

Mann und Frau könnten aber auch offener werden, wie sie körperliche Veränderungen tatsächlich erleben. Wie stark und wichtig die Libido für jemanden ist, ist sehr individuell und kann sich über die Lebensspanne verändern. Kann es eine Entlastung sein, wenn Druck und Drang etwas abnehmen, wenn die Verhütungsfrage vom Tisch ist? Welche Vorzüge hat die sexuelle Erfahrung, den eigenen Körper gut zu kennen? Entdeckt das Paar andere Spielarten, zärtlichere Formen, mit mehr Hingabe und Zeit? Kann eine reifere Sexualität sogar die «beste des Lebens» werden, wenn auch der Mann mehr Zeit braucht und sie der Frau schenken kann? Wie gut verbunden man mit seiner seelischen Liebeskraft ist, ist nicht vom Alter abhängig, und hinter vielen Luststörungen und abflauender Libido stecken emotionale Probleme des Paares.

Selbstbehauptung oder Aggression

Dies kann der Fall sein, wenn in einer langjährigen Beziehung irgendwann die Aggression die Oberhand über die Liebe bekommen hat. Wenn die Liebe und der Wunsch nach Nähe und Versöhnung nicht mehr regelmäßig aufgebaut werden können, um Verschiedenartigkeiten und Konflikte wieder zu überbrücken und zu kitten, wenn auch über die Bedürfnisse für sich selbst und aneinander nicht gut und ehrlich gesprochen werden kann, dann baut das Paar eine Abwehrmauer auf, das Aggressive, Gereizte, Nörgelnde oder Entwertende nimmt zu, beide flüchten in einen emotionalen Rückzug. Ob es bereits das Ende der Liebe ist oder doch noch ein Wünschen aneinander, ein tieferer Liebeswunsch vorhanden ist, kann sich in Paargesprächen zeigen, oder ob etwas Freundschaftlicheres und Partnerschaftliches wichtiger geworden ist, um einen sicheren, gewohnten und so gewählten Alltag fortzusetzen.

Der häufige «Liebeskiller» Dauerstress kann all das, was eine Beziehung mal lebendig, leidenschaftlich und aneinander interessiert gehalten hat, untergraben oder zudecken. Das Paar bleibt im Dauerknatsch leidenschaftlich verbunden, die Kommunikation hat sich eingeengt auf ein aggressives Arsenal an Vorwürfen, Unterstellungen, Interpretationen, Angriffen, Gegenangriffen, Verletzungen, Drohungen, Manipulationen. Wer drinsteckt, merkt es oft nicht mal mehr und kann schwer aussteigen. Nur wenn eine «Abrüstung» möglich ist, beide lernen, von ihren Wünschen und Gefühlen zu sprechen, nicht vom anderen, lässt sich erkennen, was davon Projektionen aufeinander sind, wohin die Beziehung gehen soll und wer die Bereitschaft zur Veränderung mitbringt oder aber genug hat.

Ich stelle fest, dass ich in der Psychotherapie fast nur Männern und Frauen mit Beziehungsproblemen und Überlastung begegne, die eine mehr oder weniger stark ausgeprägte «klassische» Rollenaufteilung gewählt haben: Der Haupterwerb liegt beim

Mann, die Hauptaufgabe Familie und Hausarbeit bei der Frau, die noch eine Teilzeitberufstätigkeit leistet. Bei ihnen scheint das Beziehungsstresspotenzial offenbar besonders hoch zu sein. Es sind Frauen, die nicht nur, wie vielleicht schon ihre Mütter, den Ehemännern für ihre Karriere «den Rücken freihalten» und zu Hause für alles sorgen, sondern auch noch den Anspruch nach eigenen Ausbildungs- und Berufschancen verwirklichen wollen und darauf angewiesen wären, dass ihre Männer das auch praktisch und emotional unterstützen. Wenn diese aber beruflich schon unter Hochdruck stehen und überlastet sind, können sie dem Wunsch ihrer Frauen nach einem modernen Teilzeithausmann nicht gerecht werden oder verweigern sich.

Die Männer sind der Meinung, sie «leisten so viel für die Familie», was im Materiellen wohl auch stimmt, das Rollenmodell ist aber nicht diskutierbar, solange der Mann nicht selbst weniger arbeiten und Verantwortung abgeben will. Das wird manchmal erst in den Jahren vor der Pensionierung möglich. Die Frauen vergleichen sich innerlich jedoch mit Freundinnen und Kolleginnen, die ein gleichberechtigteres Rollenmodell leben, in denen die Männer auch emotional präsentere und hingebungsvollere Väter sind und die Mitarbeit im Haushalt schon lange praktizieren.

Männer, die mir im Burnout oder einer Erschöpfungsdepression begegnen, haben häufig selbst eine Mehrfachbelastung übernommen, wenn nach Scheidung, Krankheit oder Tod der Ehefrau die Kinder hauptsächlich bei ihnen gelebt haben, sie vor denselben Herausforderungen standen wie alleinerziehende Mütter. Bei diesen ist allen klar, dass sie unter starkem Druck stehen, oft auch unter der Armutsgrenze existieren trotz Arbeit. Aber es gibt auch Väter, denen es nicht viel besser geht.

Interessant bleibt jedoch die Frage, ob es den Paaren mit einer halbwegs gleichberechtigten Rollenaufteilung, die beide Berufs- und Bildungsmöglichkeiten der Babyboomer nutzen konnten, psychisch auf Dauer und in der Lebensmitte nicht grundsätzlich besser geht? Sind sie zufriedener, ausgeglichener, haben sie jede:r für sich und gemeinsam einen befriedigenden Kompromiss zwischen Autonomiebedürfnissen und Gemeinsamkeit gefunden, sodass sie seltener wegen psychischen Problemen psychotherapeutische Hilfe suchen? Es wäre eine interessante Hypothese, denn sie begegnen mir selten in der Klinik und Praxis.

Sie kommen eher nach dem Ende einer Liebe, nach einer Beziehung, die sie als «gescheitert» erleben und zu verarbeiten haben. Selbst wenn die Trennung von der Person ausgegangen ist, die nun Hilfe sucht, ist es psychisch schwierig. Der Akt des Trennens erfordert eine gewisse Aggression, Erwartungen des Anderen zu enttäuschen. Dies kann Schuldgefühle bis zu starken inneren Schuldkonflikten auslösen, denn aggressive Fantasien der Rache und Verletzung und aggressives Handeln machen uns Angst, das Gewissen meldet sich sofort.

Aggressive Impulse gar nicht zu kennen, immer in harmoniebedürftigem, friedliebendem Modus zu leben, macht auf Dauer auch krank. Ein gesundes Maß an Selbstbehauptung und Aggression würde dann Angst auslösen – zu verletzen, vor Liebesentzug – und ist darum gehemmt. Die Kraft sich zu wehren wird unterdrückt und richtet sich irgendwann gegen sich selbst, weil man sich nicht abgrenzen kann. Der Mann oder die Frau erschöpft sich und wird depressiv. Das umgekehrte Problem hat, wer seine aggressiven Impulse schwer kontrollieren kann oder bspw. unter Alkohol enthemmte aggressive Ausbrüche hat und sich dadurch Beziehungen oder Freundschaften zerstört.

Anerkennung oder narzisstische Bedürfnisse

Das Bedürfnis nach Anerkennung und Bestätigung bleibt mit dem Älterwerden bestehen, aber vieles erscheint routiniert, selbstverständlich und wird nicht mehr so häufig bedient als Anerkennung durch Arbeit, Leistung, Partner:in, Kinder. Besonders an Übergängen wie der Ablösung der Kinder, Trennung, Pensionierung ist unser Selbstwertgefühl herausgefordert und mit dem eigenen «Ich-Ideal» konfrontiert. Es ist unser Idealbild, wie unser Ich sein sollte, welche Wünsche wir erreichen wollen, auch welche geheimen großartigen Vorstellungen wir von uns haben. Es wirkt als innerer Maßstab, oft unerkannt und unbewusst. Hängt die Latte des Ideals sehr hoch, kann es dazu führen, nie zufrieden mit sich zu sein oder neidisch auf andere zu blicken.

Kann ich in den mittleren Jahren auf eine längere Phase von Erfolgen im Aufbau von beruflichem Einfluss, der Bewältigung von Erziehungsaufgaben oder anderen Langzeitaufgaben zurückblicken, hatte ich eine relativ sichere Quelle zur Stabilisierung des Selbstwertgefühls. Mit dem Blick auf das Älterwerden kann ich jedoch in der Zukunft vielleicht nicht mehr alle Ziele des Ich-Ideals erreichen, wodurch ich stärker auf die Gegenwart zurückgeworfen bin.

Worauf stoße ich, wenn ich meine Ideale von mir selbst, meinem Ich in der Zukunft, genauer prüfe? Unerreichbar hohe Ziele und Maßstäbe? Illusionäre Träume? Oder für den Lebenssinn ganz wesentliche Wünsche, die ich aber noch nicht umsetzen konnte? In den mittleren Jahren kann eine Kluft zwischen dem Ich-Ideal und dem real Erreichten entstehen. Als Teil der Lebensmittekrise kann ich das Erkennen dieser Kluft jedoch als Anstoß zur Überarbeitung und kreativen Neugestaltung meiner verborgenen inneren Ziele und Erwartungen nutzen.

4.2.3 Gestalten von Beziehungen innerhalb der eigenen Generation

In unseren Beziehungen zu Gleichaltrigen knüpfen wir an geteilte Erfahrungen unserer Jahrgänge oder einer Geburtenkohorte an. Vergleichbare sozial- und zeitgeschichtliche Prägungen haben unser Aufwachsen als Kinder und Jugendliche mitbestimmt. So haben die «Wohlstands-Babyboomer», wie in Kapitel 1 erläutert, eine andere Geschichte als die vorausgegangene

Generation der «68er». Erziehungsstile, Geschwisterbeziehungen, Freundschaften und Peers, soziale und politische Milieus als äußere Realität haben auch unsere innere Verarbeitung eingefärbt. Besonders lebendig wird dies im Austausch über Mode- und Sprachtrends, Musikstile, Songs, Filme, Sportstars oder Jugendbewegungen.

Alte Freundinnen und Freunde aus der Kindheit, Schulzeit oder Ausbildung sind neben Geschwistern wichtige «Lebenszeug:innen» unserer Entwicklung. Sie kennen unser Grundwesen und haben viele Veränderungen miterlebt, mal entfernter, dann wieder angenähert, mit manchen sind wir wirklich «durch dick und dünn» gegangen. Gerade darum bleiben oftmals alte Freunde und Freundinnen an der Seite und es ist auf sie Verlass, wenn Partnerschaften zerbrechen. Auch wenn die Lebensweisen verschieden geworden sind, ist ein altes Band, eine gewachsene Vertrautheit stärker und schenkt uns das Gefühl, was Treue und Freundschaft wirklich bedeutet. Doch sie erhält sich nicht von selbst, wir müssen uns das Gefühl von Nähe und Zusammenhalt immer wieder schenken und zum Ausdruck bringen. Wenn eine echte Freundschaft in die Brüche geht oder durch den Tod beendet wird, bleiben wir verstört zurück, etwas fehlt, das niemand ersetzen kann.

Mit dem Älterwerden werden diese langjährigen Beziehungen immer wichtiger, zum Austausch von Erinnerungen, aber auch zum Feststellen innerer Wurzeln in einer sich rasant verändernden äußeren Welt. Das Erinnern oder Erzählen «von früher» markiert die vergehende Zeit, kann zur Verklärung, aber auch gegenseitigen Anerkennung unserer Entwicklung und biografischen Selbstvergewisserung dienen. Bei den Hochaltrigen sehen wir, wie es mit dem Verlieren von Gleichaltrigen immer weniger möglich ist, die Lebensgeschichte unmittelbar teilen zu können.

In der Ausbildungs- und Studienzeit und unter Arbeitskolleg:innen entstehen viele Freundschaften für das weitere Leben. Man hat zusammen berufliche Erfahrung aufgebaut, Schicksalsgemeinschaften gebildet, gekämpft und gerungen. Der Schatz an gemeinsamen Erlebnissen kann über das aktive Berufsleben hinaus tragend sein. Zugleich bergen berufliche Netzwerke die Gefahr, sich gegen nachkommende Generationen abzuschotten, sich in Ämtern und Aufgaben auch nach der Pensionierung aufgrund der reichen Erfahrung unentbehrlich zu fühlen und sich mit dem Abschied nicht auseinanderzusetzen. Wer keine Möglichkeit zu nachberuflichen Ämtern hat, kann die Pensionierung als großen Verlust erleben, wenn Alltagskontakte schlagartig wegfallen und organisiert werden müssen. Gibt es auch Kontakte über Interessen, Hobbies oder Sport?

Andere Verbindungen haben sich über den Weg der Kinder im gleichen Alter gebildet, man hat die Erziehungs- und Schulprobleme geteilt und sich gegenseitig ausgeholfen. Hält der Kontakt auch, wenn die Kinder aus dem Haus sind? Und wer hält zu einem, wenn man in schwerer Krankheit oder Lebenskrisen steckt? Daran zeigen sich oft die «wahren» Freundschaften, der Freundeskreis wird auf die Probe gestellt.

4.2.4 Gestalten von Beziehungen zwischen den Generationen

Wie eingangs bereits aufgezeigt, befindet sich die mittlere Generation in den 50ern und 60ern im anspruchsvollen «Sandwich der Generationen», oft gleichzeitig von beiden Seiten unter Druck durch Kinder in spätadoleszenten Ablösungskonflikten und alternde Eltern, für die eine Übernahme begleitender oder betreuender Funktionen notwendig ist. Adoleszenz und Ablösung der Kinder sind regelhafter zu erwarten, auch wenn die Form der Schwierigkeiten nicht absehbar sind. Die Rollenumkehr bei den Eltern kann unerwartet früh, schlagartig oder auch erst spät einsetzen. Beide Konstellationen – Spätpubertät wie hilfebedürftige Eltern – bilden einen Spiegel, der uns zurückwirft auf unsere eigene Geschichte: Wie weit hat sich eine rebellische Seite in der

Jugend durchgesetzt? Konnte ich nach außen in Konflikte und Abgrenzung von Werten der Eltern hinaustreten, kämpfen, mich reiben und wieder versöhnen lernen, protestieren und unbequem sein? Oder fehlte mir der Mut, war die Familie ohnehin schon überlastet, sodass stattdessen nur das Leisetreten, Anpassen, Nicht-auch-noch-Belasten und höchstens eine innere Rebellion möglich waren? Was «pflegeleichter» aussah, weil ich «keine Probleme machte», hat den Nachteil, dass die Erfahrung fehlt, dass ich selbst und andere auch heftige Streitereien und Kämpfe nicht nur überleben, sondern dass die Verbindung und Liebe das überdauert und stärker wird. Ich werde ernst genommen, lerne, für mich einzustehen, auch wenn Ideen oder Ideale scheitern und ich mich nicht immer durchsetzen kann. Es ist für beide Generationen eine wichtige Prüfung, die auf das Loslassen vorbereitet.

Wer selbst praktisch keine Pubertät erlebt hat, kann in Überforderung und Hilflosigkeit geraten, wenn die jugendlichen Kinder die Aggressionshemmung der Eltern oder Unfähigkeit zu streiten offensichtlich machen und provozieren und die Eltern keine Grenzen mehr setzen können. Eigene unterdrückte Wut und Rebellion unter der Oberfläche einer harmoniebedürftigen, «friedlichen» Rolle kann unbewusst ausgelöst werden. Wenn sie innerlich «nicht sein darf» und nicht gehört wird, wird die Wut verdrängt und verschoben und kann zum Beispiel Angstzustände bis zu Panikattacken auslösen. Es ist jedoch das Recht und eine psychologische Notwendigkeit der Jugend, es selbst besser wissen zu wollen, sich von den Eltern und anderen Bezugspersonen das Beste abzuschauen und diese dann in einem Gefühl von Triumph zu verlassen, nicht ohne sich von ihnen vorher mit Geschrei und Protest abzustoßen – weil sie es *müssen* und auch den Triumph des Überflügelns brauchen, um sich selbst aufzubauen und selbstbewusst zu werden. Es löst zugleich Schuldgefühle der Jugendlichen aus und bei den Eltern Verletzung und Angst vor dem «Drankommen», auch das gehört dazu. Davon als «Normalität» zu wissen, hilft, die eigene Verletztheit zu begrenzen, die

Konflikte offen zu führen und die «Erlaubnis» zu geben, dass die Jungen für das Beste kämpfen und alles mitnehmen wollen.

Auf der anderen Seite wird die Beziehung der mittleren Generation zu den eigenen Eltern neu aufgelegt, entweder wenn es unbewältigte Konflikte gegeben hat oder aber wenn sich in einer guten Beziehung die Rollen der Verantwortung allmählich umkehren. Dabei können sich ähnliche Konfliktsituationen wie mit den pubertierenden Kindern ergeben: Am Beispiel von Familienbetrieben zeigt es sich besonders deutlich, ob die alternden Eltern rechtzeitig eine Nachfolgelösung zugelassen, ihre Nachkommen im Geschäft gefördert und ermutigt haben, in ihre Fußstapfen zu treten oder ganz neue Ideen zu verwirklichen, oder ob sie nicht loslassen können, alles besser wissen, weiterhin bestimmen wollen, hineinreden oder gar dagegen arbeiten, dass sich ein Betrieb erneuert und modernisiert. Die mittlere Generation kann durch aufreibende Konflikten und hohen Arbeitseinsatz in einen Erschöpfungszustand schlittern oder innerlich zerbrechen, wenn die Geschäftsübernahme nicht gelingt, die Ablösung gescheitert ist und Versagens- und Schuldgefühle zurückbleiben. Unbewusste Erwartungen und Gefühle des Konflikts liegen darunter begraben und werden in der Therapie erarbeitet. Leichtere Varianten davon können sich auch an der Kindererziehung und Enkelbetreuung aufhängen.

Untersuchungen zur Pflege von Angehörigen im Alter beschreiben einen Reifungsprozess, wenn die mittlere Generation die «Kind»-Rolle verlässt, um in einer Rollenumkehr die unterstützende oder begleitende «Eltern»-Rolle zu übernehmen. Im Idealfall wandelt sich «filiale Angst» vor Überforderung in der Beziehungsgestaltung zu einer «filialen Reife», in der die Jüngeren im Kontakt zu den alten Eltern eine innere Unabhängigkeit, Begrenzung von Schuldgefühlen und liebevolle Grenzsetzung erlangen. An Grenzsituationen wie schwerer Krankheit, Demenzentwicklung, Entscheidungen über einen Heimeintritt oder am Lebensende ist das Ringen zwischen diesen Polen der Angst und einer reiferen Bewältigung besonders spürbar. Die Kinder finden sich vor die Aufgabe gestellt, ihren Eltern Sicherheit zu geben, schwierige Übergänge zu begleiten, den Kampf der Eltern um deren Autonomie zu tolerieren und gleichzeitig ihr eigenes Loslassen und ihre eigenen Schuldgefühle verarbeiten zu können. Je mehr dies gelingt, desto mehr erleichtert es später den Trauerprozess.

Dies gelingt besser, wenn im Innerpsychischen die Reaktivierung von unbewussten Konflikten zwischen Kindern von etwa vier bis acht Jahren und ihren Eltern (die «ödipale Phase», vgl. Kap. 3.2) in vielfältigen Variationen verstanden und bestanden wird, die sonst offen in der Familie ausagiert wird: Rivalität und Neid (wer hat wie viel Liebe oder Erbe bekommen), Aggressionshemmung und Angst vor Konflikten, Unterwerfung, aufopfernde Hilfe, Schuldkonflikte, Distanzierung bis zum Kontaktabbruch, Abwehr des notwendigen wiederkehrenden Triumphs der Jüngeren und vieles mehr. Ein Miteinander der Generationen in freundschaftlich-liebevollem Respekt ist nur möglich mit Bereitschaft aller, sich darüber offen auseinanderzusetzen. Auch bei distanzierteren Familienbeziehungen ist viel gewonnen, wenn sich ein brauchbares Verhältnis für die zu klärenden Fragen um Krankheit, Pflege, Tod und Erbe herstellen lässt.

Im höheren Alter spielt die «Generativität» eine sinnstiftende Rolle: die Frage, was ich in familiärer oder symbolischer Form weitergeben kann. Wer keine eigenen Kinder hat, den ereilt die Frage des Weitergebens, was nach ihr:ihm bleibt, ob etwas weitergeht, häufig schon in der Lebensmitte. Die Endgültigkeit der Kinderlosigkeit bei den Frauen geht einher mit dem «Nicht-mehr-Benötigen» der Fortpflanzungsorgane und ihrer allmählichen Stilllegung in der Menopause. Die hormonelle Umstellung des Verabschiedens kann sich in mehr oder weniger stark ausgeprägten Körpersymptomen und größerer psychischer Verletzlichkeit zeigen. Ein Aufbäumen mit Hitzeschüben, Schwitzen, Unruhe, Schlafstörungen, Angstzuständen oder Niedergeschlagenheit zeigt an, wofür Hormone ein Frauenleben lang gesorgt haben. Der weibliche Körper beendet Funktionen zum jederzeit möglichen Leben-wachsen-Lassen. Ein früher vielleicht rational oder emotional bewusster Verzicht (ob freiwillig oder ungewollt) kann nun noch einmal auftauchen, weil er sich in die nächste Generation fortpflanzt: Du wirst keine erwachsenen Kinder und auch keine Enkelkinder haben, die einmal nach dir schauen und die Rolle übernehmen, die du jetzt für die Eltern ausübst. Du wirst allein sein, wenn du keine Alternativen suchst. Manche tun dies in der Rolle als (Paten-)Onkel oder (Paten-)Tante, im Patchwork bei Kindern eines neuen Partners, einer neuen Partnerin oder in der Arbeit oder später über Wahlenkel:innen und -großeltern.

4.2.5 Sich stabilisieren durch Beruf und Interessen

Wie viel unsere alltägliche, regelmäßige Arbeit und unser Beruf zur äußeren und inneren Stabilität beitragen, merken viele Menschen erst im ganzen Ausmaß, wenn die Arbeit zur Belastung wird, bedroht ist oder ganz wegfällt. In der Coronakrise wurde dies schlagartig der gesamten Bevölkerung bewusst. Was bedeutet uns die Arbeit? Sie erfüllt zunächst grundlegende Bedürfnisse, indem sie die materielle Existenz mehr oder weniger gut sichert. Damit sorgt sie für unser tägliches *Bedürfnis nach Sicherheit und Versorgung*, ermöglicht einen Rahmen an Handlungsspielräumen über das Notwendigste hinaus, um Familienangehörige mitzuversorgen, am gesellschaftlichen und kulturellen Leben teilnehmen zu können und sich materielle Wünsche zu erfüllen.

Mit ihrer zuverlässigen Verpflichtung zur Regelmäßigkeit gibt die Arbeit eine tragende Grundstruktur der Lebenszeit vor, über den ganzen Lebenslauf, aber vor allem über jeden Tag, die Woche, über Monate und Jahre. Auch wenn wir oft stöhnen, uns dieser Struktur unterzuordnen, ordnet sie doch unsere Zeit in Tätigsein und Freizeit, in Phasen der Fremd- und Selbstbestimmung. Wir üben daran Motivation, Interesse, Lernen, Vertiefung, Ausdauer, Strukturieren, Probleme verstehen und lösen, Zusammenarbeit, Scheitern, Durchhalten von Durststrecken, Konfliktlösen, Solidarität und vieles mehr. Dadurch arbeitet die Tätigkeit auch an uns, prägt und bildet unsere Fähigkeiten immer stärker heraus, unserem *Wunsch nach Weiterbildung und Entwicklung* entsprechend.

Der marktwirtschaftliche Tauschhandel «Arbeit gegen Geld» sagt nichts darüber aus, wie angemessen die Vergütung für den geleisteten Einsatz erscheint, welcher Wert der Tätigkeit durch die Gesellschaft oder Wirtschaft gegeben wird, und wie fair diejenigen, die sie leisten, ihren Lohn empfinden. Ebenso wenig eindeutig ist geregelt, wie viel Leistungsdruck und Belastung Arbeitgeber:innen über den Arbeitsvertrag hinaus verlangen können und welche Formen von Wertschätzung dafür erforderlich sind, dass Angestellte dennoch gesund bleiben. Damit sind viele Spannungsfelder umrissen für das ebenfalls grundlegende *Bedürfnis nach Bestätigung und Anerkennung*, in denen sich für die einzelne Person das ganze Spektrum von Arbeitszufriedenheit, Stolz und Erfüllung bis zu Unzufriedenheit, Frustration und Ausgebranntsein abbilden kann.

Gräben tun sich vor allem dann auf, wenn die persönliche Bilanz von «Aufwand und Ertrag», von Wertschätzung und Gesehenwerden des Einsatzes auf Dauer nicht stimmt. Denn in der Leistungsgesellschaft soll die Arbeit viel mehr «bringen» als nur ein «Brotjob» zu sein: Sie wird zum Gradmesser des eigenen Werts und der Fähigkeiten hochgeschraubt, zum Vehikel der Selbstverwirklichung, zur gesellschaftlichen Anerkennung und letztlich Berechtigung und Identifikation. Das macht Arbeit für viele Menschen zur zentralen Säule ihres Selbstwertgefühls, oft nur in «Konkurrenz» zur Familie. Und wenn der Beruf einer «Berufung» folgt und mit Leidenschaft ausgeübt wird, ist seine identitätsstiftende Rolle noch ausgeprägter: «Ich *bin* Psychotherapeutin, Wissenschaftlerin, Künstlerin».

Dies macht uns verletzlich und kann zur Falle werden, wenn

auch das soziale Umfeld hauptsächlich aus Arbeitskontakten besteht und wir unsere soziale Zugehörigkeit in der Gesellschaft nur über den Beruf beziehen. Das Kontaktnetz, Anerkennung in einer Geschäfts- oder Fachwelt, Seilschaften, gegenseitige Unterstützung und Teamgefühl sind wichtige Lieferanten für das nie ganz gesicherte Gefühl «Bin ich ok?» Wir wollen dazugehören, beachtet, beliebt und respektiert sein.

All diese Funktionen zur Stabilisierung unseres Selbstwertgefühls sind herausgefordert, wenn die Arbeit wegfällt. Wer sich dem Pensionsalter nähert, erlebt, womit viele Patient:innen in der Psychotherapie schon früher und heftiger konfrontiert sind, wenn sie aus psychischen oder körperlichen Gründen weniger belastbar sind, die Stelle verlieren oder unfreiwillig frühberentet werden. Das Gefühl, keine Wahl mehr zu haben, wann und wie man aufhört, berufstätig zu sein, führt zu einem massiveren Verlusterleben als ein vorbereiteter Abschied aus dem Arbeitsleben. Doch erleben viele Menschen auch diesen eher als Sinnkrise denn als «ewige Ferien».

Wer noch berufliche oder ehrenamtliche Aufgaben fortsetzen und befriedigende Interessen ausbauen kann, ist besser vorbereitet. Doch viele über 60-Jährige haben das Thema gut verdrängt, hatten in langer Mehrfachbelastung kaum «Zeit für sich» und erwachen nun: Was will *ich* denn eigentlich? Ständiges Reisen kann genauso zur Flucht vor dieser Frage werden wie «nur für die Familie da sein». Die Familie möchte so viel Fürsorge vielleicht gar nicht mehr, lebt entfernt, hat sich abgelöst. Auch das regelmäßige Enkelhüten kann zur Einschränkung werden, weil auch Lust an der «neuen Freiheit» aufkommt. Für viele Menschen stellt sich diese aber nicht von selbst ein. Das zeigt, dass das selbstbestimmte Gestalten einer langen Lebensphase eine neue Entwicklungsaufgabe darstellt: Die eigenen Werte, Fähigkeiten und die Offenheit für Neues stehen auf dem Prüfstand. Was ist mir wichtig? Was mache ich gern und gehe darin auf? Was möchte ich noch lernen? Wage ich etwas Neues? Brauche ich eine neue

Aufgabe, um zufrieden zu sein? Wie viel eigene Bedürfnisse habe ich, wie viel Paar- oder Familienzeit brauche ich?

Es gibt die Gruppe derjenigen, die schon lange wussten, was sie alles machen wollen, wenn sie «endlich» pensioniert sind. Manche sind erfüllt davon, bei anderen wirkt es, als stürzten sie sich atemlos in eine Fülle von Aktivitäten, in Ehrenämter, unzählige Reisen, sodass gar kein Gefühl von kritischem Übergang und «mehr Zeit für ...» aufkommen kann. Die mögliche Krise des Selbstwertgefühls wird mit neuen Aktivitäten in die Zukunft verschoben, der Abschied von bisherigen Rollen und Beruf und die Anzeichen des Älterwerdens können sich gar nicht bemerkbar machen, sie sollen es – als innere Schutzmaßnahme – auch gar nicht. Eine weiterbestehende körperliche und seelische Leistungsfähigkeit kann dazu verführen, ein hyperaktiv wirkendes drittes Alter zu führen, als gäbe es einen Wettlauf zu gewinnen.

Die Balance ist jedoch nur ganz persönlich zu finden, in Einklang mit der zur Verfügung stehenden Lebensenergie, die sich im Älterwerden laufend verändern kann: Wie viel Tätigsein ist Lust und Quelle von Befriedigung und wo übersteigt es eigentlich die Kräfte, soll aber das Gefühl «Ich gehöre noch dazu, ich werde gebraucht» stützen und vor innerer Leere und Ängsten, etwas loszulassen schützen? Vielleicht wird dies erst bei einer Erkrankung oder einem Zusammenbruch bewusst, wenn es nicht mehr wie bisher weitergehen kann.

4.2.6 Erhalten der sozialen Sicherheit und Versorgung

Wann beginne ich, die *Altersvorsorge* konkret zu planen? Von den konkreten Verdienst- und Vorsorgemöglichkeiten abgesehen, unterscheiden sich die Menschen stark darin, was ihnen wichtig ist für das eigene Sicherheitsbedürfnis. Ist meine Lebenshaltung stärker auf das Im-Jetzt-Leben ausgerichtet und kann ich auch mit geringen materiellen Ansprüchen auskommen, ohne in

Sorgen und Nöte zu geraten? Oder ist genau diese Vorstellung, ich könnte nicht genug zum Leben haben, eine starke Angst des Verlierens und unzureichend Ausgestattetseins, federführend? Entsprechend werde ich die Altersvorsorge früh und großzügig planen, mit vielen Absicherungen versehen oder unbekümmert vernachlässigen. Wie anpassungsfähig bin ich in den eigenen Ansprüchen für das Alter? Die heute bereits Pensionierten verfügen über höhere Rentenbezüge als es die Generation der Babyboomer erwarten kann. Die Beschwörungsformel «Die Rente ist sicher» hat für viele Angehörige der mittleren Generation an Glaubwürdigkeit verloren, wer kann, sorgt zusätzlich privat vor, aber auch dann wird Verzicht notwendig sein. Die Gefahr einer erneuten Altersarmut ist in Deutschland bereits Realität, vor allem bei alleinstehenden Frauen.

Ein höheres und flexibles Rentenalter wäre eine Antwort auf die höhere Lebenserwartung, mit Ausnahme von schwerer körperlicher Arbeit. Aber weil damit keine Wahlen gewonnen werden, wird die Überlastung der Rentensysteme in vielen Ländern verdrängt und immer weiter aufgeschoben, zulasten der nachkommenden Generationen. Es gehört zur Verantwortung der Älteren einer Gesellschaft, in Politik und im Privaten, nicht nur für sich selbst (die eigene Generation), sondern auch für die Jüngeren gut zu sorgen. Wie aber soll dies möglich sein, wenn schon die persönliche Vorsorgerealität verleugnet wird, wenn ein konsumfreudiger Lebensstil Ansprüche an Luxus, häufige Fernreisen, Wohneigentum und vieles mehr stellt, als wäre es ein Naturgesetz und nicht das Glück einer seltenen Epoche prosperierender Wirtschaft, mit allen Folgen von Ausbeutung der Natur, Umwelt und ärmeren Ländern? Wir werden wieder mehr mit Ungewissheit und Unsicherheit konfrontiert sein. Die Schuldenberge nach der Coronapandemie und der sogenannten Energiekrise werden unseren Ruhestand begleiten.

Zugleich liegt auch eine Chance darin, über nicht-materielle Werte nachzudenken: Was gibt *innere Sicherheit*? Das ist in erster

Linie menschliche Bindung. Die Qualität der Bindungsfähigkeit entsteht in den ersten Lebensjahren mit den frühen Bezugspersonen und prägt entscheidend, ob ein Kind mit einer sicheren, zuverlässigen Bindung ins Leben geht, die das Erkunden der Welt und das Lernen ermutigt, oder ob sie unzuverlässig und unsicher ist. Dies kann zu vermeidendem, verstricktem oder instabilem Bindungsverhalten führen, das sich im ganzen Leben zeigen wird, wenn nicht korrigierende gute Erfahrungen mit anderen Bezugspersonen folgen und etwas nachreifen kann, zum Beispiel in einer verlässlichen Partnerschaft oder in einer längeren Psychotherapie.

Wer eine gute Beziehungserfahrung als sicheren Bindungsstil tief verinnerlichen konnte, kann auch in kritischen Lebenssituationen eher auf verlässliche Beziehungen zurückgreifen und sich leichter Hilfe holen. Es erleichtert auch einen selbstfürsorglichen Umgang mit sich selbst, materiell und medizinisch gut vorzusorgen und sich gute äußere Bedingungen zu schaffen. Dies alles ist für Menschen mit unsicherer Bindung eine größere Herausforderung, sie können weniger gut für sich sorgen, sie spüren ihren Körper weniger gut, «vergessen» ihn und gehen unter Umständen so vernachlässigend mit sich um wie ihre frühen Bezugspersonen. Äußere Faktoren übernehmen dann eine Ersatzfunktion, wenn zum Beispiel der Rückzugsort der langjährigen Wohnung oder des Hauses auch das innere Überleben zu sichern scheint.

Die *Wohnform für das Älterwerden* kann ein Spiegel der inneren Verfassung und der Werte sein: Was brauche ich, um mich an einem Ort «daheim, zu Hause» zu fühlen? Sind dies äußere Bedingungen oder kann ich trotz wechselnder Orte immer wieder aufgrund eines inneren Bei-mir-angekommen-Seins heimisch werden? Sind es mehr die Menschen um mich, die mir dieses Gefühl geben? Ist das Eingebundensein in Aufgaben, die Natur, in soziale und kulturelle Möglichkeiten entscheidend? Soll es abgeschieden oder mittendrin sein?

Manche Menschen und Paare hegen einen langen *Traum für das Pensionsalter*, was «dann» gelebt werden soll, was auf Umsetzung und Erfüllung wartet: das Leben auf dem Land, ein Garten, viel Unterwegssein, ein nachberufliches Projekt, die Übernahme des Elternhauses oder im Gegenteil Vereinfachung, eine kleinere altersgerechte Wohnung, nah an der Versorgung, Genossenschaftssiedlungen, Generationenprojekte. Aber die inneren Entwicklungsaufgaben bleiben – die Ablösung von den ausziehenden Kindern und alten Eltern –, und so kann sich das Blatt wenden: «Ich habe mir das alles ganz anders vorgestellt». Das schöne Haus fühlt sich leer und viel zu groß an, das Reisen sinnentleert, das Angebot an Beschäftigungen lässt ratlos. Die Autonomie innerhalb einer Partnerschaft oder im Alleinleben muss neu verhandelt werden und zugleich das Wissen um Abhängigkeit, die Sicherheit gibt oder im Singleleben auch gefürchtet wird. Zu viel Sicherheit und Nähe kann erdrücken und Ausbruchswünsche nähren, die sich zum Beispiel verdeckt als Panikzustände äußern. Alles kommt erneut auf den Prüfstand. Was gibt heute eine hilfreiche Form von Verlässlichkeit und Sicherheit, was engt ein? Drängt etwas nach neuen Erfahrungen des Erkundens, Eroberns, Aufbruchs?

4.2.7 Erhalten der eigenen Identität

An allen Lebensübergängen stellen sich die existenziellen Fragen «Wer bin ich, woher komme ich, wohin gehe ich?» Ob in der Lebensmitte, im Umbruch oder Aufbruch einer zweiten Adoleszenz, beim Übergang ins Pensionsalter oder ins höhere Alter beschäftigen sie uns auf einer alltagspraktischen wie philosophischen Ebene. Woher habe ich ein Gefühl, «dieselbe» Person zu sein, obwohl ich mich ständig verändere und weiterentwickelt habe? Was macht mich aus? Sind es Charaktereigenschaften oder Wesenszüge meiner Persönlichkeit, die bleiben? Stimmen die Rückmeldungen und Zuschreibungen von anderen, wie ich sei, was sie an mir schätzen, beobachten und mühsam finden, mit meinem eigenen Selbstgefühl überein? Wandelt sich das Bild der anderen parallel zu meinem eigenen? Mache ich mir etwas vor, ich sei «weiter als damals» oder «nicht mehr so ... wie früher», und dabei bemerken andere eine Entwicklung zum Eigenwilligeren, Merkwürdigen hin?

Wie stark bin ich in meiner Identität geprägt von meiner Herkunft – dem Land und den Orten des Aufwachsens, der Sprache, Kultur, sozialen Schicht, Zeitgeschichte, dem Erziehungsstil und Wertesystem der Familie, ihrer politischen, sozialen oder religiösen Weltanschauung? Wie stark haben sie mich beeinflusst im Für oder Wider? Die Herkunft im Sinne einer «Heimat» oder im übertragenen Sinne einer sozialen oder geistigen Heimat bekommt in Übergängen der zweiten Lebenshälfte oft wieder eine stärkere Bedeutung. Mit dem Alter oder Sterben der Eltern ist man mit den Biografien, Lebensspuren vom Hausrat bis zu Wohnräumen der Generation konfrontiert, die uns vorausgeht. Womit identifiziere ich mich, worum mache ich einen großen Bogen, bin also im Widerstreben auch damit beschäftigt, und was hat mit mir nichts zu tun? Ob ich mich zeitweise in den Fußstapfen von wichtigen Vorbildern (Eltern, Lehrer:innen, Mentor:innen oder Ähnlichen) bewege, die mir Entscheidendes im Leben beigebracht haben, oder ob ich mir vieles selbst gesucht habe: Das Gefühl, dass ich viele meiner Möglichkeiten, Fähigkeiten oder Gaben verwirklicht habe und immer weiter auf dem Weg bin, führt zu einer tieferen Befriedigung, als wenn ich feststellen muss, dass ich Chancen ungenutzt gelassen habe, mir zu wenig zugetraut habe und das Leben an mir vorbeigezogen ist. Für vieles ist es nicht zu spät.

Das Identitätsgefühl ist auch eng verknüpft mit Rollen, die ich einnehme, über die ich mich definiere, in persönlicher Reihenfolge: verschiedene Berufsrollen, die Rollen in der Familie, in der Partnerschaft oder in Freundschaften, in Ämtern oder Aufgaben, in Gruppen, über Hobbies und so weiter. Wenn sich zentrale Rollen in der Familie und im Beruf in der zweiten Lebenshälfte grundlegend verändern oder wenn durch Trennung oder Verlust des Lebenspartners, der Lebenspartnerin eine Hälfte des Wir-Gefühls plötzlich wegfällt, bedrängt die Frage «Und wer bin ich jetzt noch?»

Für Patient:innen mit chronischen oder wiederkehrenden Phasen psychischer Erkrankung stellt sich die Frage: «Wer bin ich (noch) außerhalb des ‹kranken Ichs›»? Hat die Auseinandersetzung mit früheren Krisen zu Bewältigungsformen, Willenskräften und Stärken geführt, die sich sonst vielleicht nie entwickelt hätten? Hat sich dabei eine Anpassungsfähigkeit an das momentan Mögliche gebildet, mit der man besser durch schwierige Zeiten kommt? In der ersten Coronazeit des «Bleibt-zu-Hause» hatten genau die Menschen einen Vorteil, die das aus anderen Gründen schon gut konnten.

4.2.8 Einstellen auf die sich verändernde Zeitperspektive, Sterben und Tod

Das Wahrnehmen der vergehenden Zeit ist ein wesentliches Signal des Älterwerdens. Das persönliche Gefühl, wie schnell oder langsam wir uns durch die eigenen Jahre bewegen, lässt uns ahnen, wie wenig wir begreifen können, was Zeit und unsere Lebenszeit eigentlich ist. Ein tägliches Geschenk, wie die Luft zum Atmen, wie der Körper, den wir benutzen können.

Wem der Tod noch nicht in der eigenen Generation sehr nah gekommen ist, dem kommt spätestens mit dem Sterben der Eltern die Tatsache des Todes auf die Agenda. Und wenn es nicht unerwartet geschieht, sondern schleichend über lange Krankheit und Abbau, sind wir unmittelbar mit dem konfrontiert, was die meisten Menschen am Alter am meisten fürchten: Leiden, Abhängigkeit und Pflegebedürftigkeit. Nicht der Tod an sich, sondern der Verlust von Selbstständigkeit und Kontrolle über das Leiden und Sterben verursacht in unserer ich-gesteuerten Kultur maximale Angst.

Dass ein alter Mensch sein Schicksal der Gebrechlichkeit und Hinfälligkeit als natürlichen Prozess annehmen und mit Würde bis zum Schluss ertragen kann und so das Leben von seinem Anfang bis zu seinem unbestimmbaren Ende einem Gesetz untersteht, das außerhalb unserer Macht liegt, scheint nicht mehr selbstverständlich. Dies mitzuerleben, kann jedoch eine Erfahrung der Demut und des Respekts vor dem Menschen bedeuten, der sein Leben so aus der Hand geben und gehen kann. Trotz der Erschütterung durch das Ende drückt dies auch einen Sinn des Sterbens aus: Es gehört zum Leben, die Erfahrung des Endes bestehen zu können, bei dem Menschen, der geht, und denen, die bleiben.

In diesem Sinne können Reifungsschritte geschehen, wenn wir die Gedanken, Gefühle und Erlebnisse um Vergänglichkeit, Krankheit und Sterben nicht verdrängen. Wir wissen es und wollen es doch nicht hören, dass das Leben ohne die Vergänglichkeit nicht zu denken wäre. Erst das Ende mit natürlichen Abbauprozessen des Alterns erlaubt ein Leben als großen Spannungsbogen zu begreifen, bestimmt vom Kampf der gegensätzlichen Kräfte Leben/Tod, Aufbau/Abbau, Fortschritt/Rückschritt, Beschleunigung/Verlangsamung und vielen mehr. Wobei diese Pole nicht eindeutig zu denken sind, denn auch im Alter kann es Kräfte oder Fähigkeiten geben, die zunehmen.

In der Psychotherapie ist die bewusste Beschäftigung mit Vergänglichkeit, Sterben und Tod unumgänglich, wenn Patient:innen direkt betroffen sind: Wenn sie mit aktuellen oder früheren Verlusten kämpfen und depressiv werden, statt trauern zu können. Auch wenn sie selbst unter einer schweren Erkrankung oder derjenigen eines:einer nahen Angehörigen leiden, rückt die Konfrontation mit dem Sterbenkönnen ins Zentrum des Lebens. Zugleich mobilisiert sie alle seelischen Antworten von Hoffen, Kämpfen, Trauern, Verleugnen bis zum Resignieren. Sie brauchen dann ein professionelles Gegenüber, das starke, existenzielle Gefühle ermöglicht und mit aushält, aber auch ihre persönlichen, zum Überleben notwendigen Schutzmaßnahmen respektiert. Wenn sie bereits in früheren Lebensphasen Krankheit oder Verlust erlebt haben, scheinen sie innerlich besser vorbereitet und haben das Bewusstsein für den Tod präsenter als Menschen, die immer gesund waren. Sie haben dann oftmals durch (nicht immer bewusste) innere Arbeit persönliche Reifungsprozesse und seelische Lösungen entwickelt, die zu einer Verdichtung des Lebensgefühls und zu neuen kreativen oder mitmenschlichen Fähigkeiten führen können.

Psychotherapie und Psychoanalyse selbst zeigen jedoch auch kein natürliches Verhältnis zum Thema Tod, sondern verleugnen ihn, sodass er in der Theorie und Praxis mehrheitlich im Schatten bleibt. Dabei erkennen wir, wenn wir den Tod und die Sterblichkeit wahrnehmen, dass sie unsere innere und geistige Welt organisieren und antreiben. Der Tod kann sogar als entwicklungsfördernde Kraft über die gesamte Lebensspanne gesehen werden, die aber im Alter dringlicher wird (Grieser, 2018, S. 9).

Doch zugleich können wir nur aus dem Vollen leben, wenn wir so tun, als sei unsere Lebenskraft und Zeit unerschöpflich. Wir müssen die Sterblichkeit verdrängen können, aber wenn wir sie psychisch «zu gut» wegpacken, entstehen Symptome: Ängste vor Hilflosigkeit, Schmerz und Trauer können in psychosomatischen oder depressiven Symptomen verborgen sein. Todesangst kann in starken panischen und traumatischen Ängsten aufflammen. Bei genauer Nachfrage zeigt sich, dass sich viele Patient:innen einer psychiatrischen Klinik in der Schweiz schon lange bei einer Sterbeorganisation angemeldet haben oder dies in Zukunft tun wollen. Dies ermöglicht vielen eine Fantasie der Autonomie und Kontrolle, «wenn es ganz schlimm würde». Im Recht auf Selbstbestimmung drücken sich aber auch Ängste vor Abhängigkeit und Leiden aus.

Damit ist man nun in der Therapie mittendrin in einem offenen Gespräch über Zukunftsvorstellungen, die einem Angst machen, Erfahrungen von Todesangst, Vorstellungen zum Sterben und was danach ist. Religiöse, transzendente oder philosophische Vorstellungen ausdrücken zu können, welche Werte und Sinnzuschreibungen jemand für sich als gültig ansieht, schafft eine intime Nähe im existenziellen Austausch, der im Alltags- und Beziehungsleben weit tabuisiert ist. Dies gelingt nur, wenn ich als Therapeutin vor den Fragen nicht zurückweiche, die Tür zu diesem Thema aufstoße und die eigene Todesangst genug kenne.

Für manche Patient:innen folgen aus einem solchen Gespräch weitere Überlegungen: dass aufgeschobene Pläne ernster genommen werden, dass mit den nächsten Angehörigen über die Bedürfnisse bei schwerer Krankheit, Pflege und Tod offen gesprochen wird. Testament, Patientenverfügung, Vorsorgeauftrag und Ähnliches geben den Angehörigen entlastende Orientierung, was zu tun wäre. Damit hat man der Realität ins Auge geschaut und Vorkehrungen getroffen, um dies dann wieder lebensfroh wegschieben zu können. Und manche entscheiden sich bewusst, diese Fragen lieber wieder zu verdrängen, im Sinne eines «nach mir die Sintflut».

4.3 Triebkonflikte: Der Wunsch nach dem anderen Organ

Das «Drängen der vergehenden Zeit» trägt auch die unbestimmte Ahnung oder Angst in sich, dass «etwas nicht mehr gehen könnte», nie mehr möglich sein wird, auch eine Trauer und Endzeitstimmung über etwas vielleicht endgültig Verlorenes. Es benötigt einen analytischen Therapieprozess, um allmählich bewusst zu machen, dass die Triebwünsche – wie in Kapitel 3.2 beschrieben – bisexuelle Forderungen stellen, die vom Körper her nicht realisierbar, im Psychischen aber umsetzbar sind. Statt Trauer um das nicht vorhandene Geschlecht werden im Inneren dann andere Lösungen zugänglich.

4.3.1 Frauen: Sichverstecken, Klagen, Hingabeprobleme

Der Wunsch nach dem «Anderen», dem körperlich nicht vorhandenen anderen Geschlecht, kann sich in verschiedener Form zeigen. Manche Frauen fühlen sich aktiv benachteiligt, zum Beispiel in der Berufswelt, wenn sie erleben, dass Männer sich selbstbewusster zeigen, viel und laut reden, selbst wenn ihre Meinung wenig fundiert ist, sich überschätzen, auftrumpfen, mehr Gehalt und Aufstiegschancen fordern und damit häufig auch Erfolg haben. Männer werden darin von anderen Männern verstanden, gehört und gefördert. Sie trauen sich und riskieren oft mehr, auch wenn sie scheitern. Viele Frauen in einflussreichen Positionen haben sich dies ebenso angeeignet und können sich genauso durchsetzen und überzeugen. Sie schreiben es aber öfter den Umständen und weniger sich selbst zu.

Es geht hier nicht um die Frage, inwiefern und wo es gesellschaftliche Erschwernisse für Frauen gibt, um aufzusteigen, oder wo nach wie vor verdeckte Diskriminierungen wirksam sind. Frauen sind intellektuell zu allem in der Lage, was Männer können, und körperlich in Relation zu den Kraft-, Gewichts- und Ausdauerbedingungen, wie es im Sport als Geschlechtsdifferenzen sichtbar wird. Mich beschäftigen jedoch Verhaltensweisen, in denen Frauen im mittleren Alter ihre Chancen nicht nutzen, ihr Potenzial zurücknehmen, sich nicht mit allem, was sie haben könnten, präsentieren. Vorausgesetzt, sie haben viel gelernt, vielleicht studiert, Berufserfahrung, haben gewisse Leistungen bereits vorzuweisen. Und doch reden sie – im Vergleich zu ähnlich aufgestellten Männern – leiser, mitunter mit hoher, piepsiger Stimme, im Frageton. Sie packen ihre Argumente in eine Frage «Könnte es sein, dass ...» oder in einen Zweifel «Ich bin mir nicht sicher, ob ...» und wundern sich, dass sie nicht überzeugen oder zu wenig gehört werden. Oder sie bleiben ewig zuhörend, trauen sich in Workshops nicht, ihren Standpunkt zu vertreten, weil sie sich nicht ganz sicher sind, etwas nicht mehr genau wissen oder sowieso an sich zweifeln, ob ihnen jemand zuhören wird. Anschließend werden sie über plumpe Männervoten herziehen – altkluges Besserwissen und Belehren *(mansplaining)* –, obwohl diese auch nicht mehr wüssten. Sie fühlen sich benachteiligt, aber sehen ihren eigenen Anteil daran nicht.

Auch auf etablierterem Niveau kann es zum Beispiel bei einer Lesung von Preisträger:innen sein, dass eine Autorin, deren Buch gefördert wird, auf der Bühne ansetzt, sie lese nun einen unveröffentlichten Text, bei dem sie sich noch sehr unsicher sei, ob er gut sei, vielleicht werde sie dies beim Lesen merken. Eine renommierte Autorin leitet ihre Lesung mit Ausführungen ein, warum sie so ungern vorlese, eigentlich die Bühne lieber mit anderen Künstler:innen teile und in den Hintergrund trete. Nur der männliche Autor liest einfach seinen Text mit Spannung und lässt diesen für sich sprechen. Was geschieht da? Diese Frauen verstecken ihre Fähigkeiten auf unterschiedliche Weise. Sie machen sich klein, schwächen ihre Stimme, entschuldigen sich, dass sie da sind, dass sie sogar ausgezeichnet worden sind, obwohl sie etwas geliefert haben mussten, das überzeugt hat. Jetzt trauen sie sich nicht, sich vorn hinzustellen, die Trophäe stolz in Empfang zu nehmen und zu zeigen, dass sie diesen Wert haben. Sie tun so, als hätten sie das gar nicht verdient, hätten nur «Glück gehabt», sie wüssten auch nicht warum, als hätten sie nicht hart dafür gearbeitet und nun völlig gerechtfertigt diesen Preis bekommen.

Sich-klein-Machen, Sichverstecken und Von-sich-Ablenken sind psychische Ablenkungsmanöver, um etwas abzuwehren, das nicht offen sichtbar werden soll: dass die Frauen es eigentlich faustdick hinter den Ohren haben, sie gescheit, geschickt, tüchtig und eigentlich selbstbewusst wären, wenn sie dies nicht mit diesem Versteckspiel unterlaufen würden. Es soll unter keinen Umständen so aussehen und öffentlich werden, dass sie im Besitz einer sehr potenten, wertvollen Beute, ihrem Schatz an Wissen und Fähigkeiten sind. Denn dieser wird im Seelischen gleichgesetzt mit dem, was man sich «geraubt» und «zusammengestohlen» hat von Lehrer:innen, Wissenschaftler:innen, Mentor:innen, um gut lernen und forschen und etwas Eigenes vertreten zu können. Es erinnert seelisch ein Leben lang an die «Raubmord»-Geschichte in der kindlichen Entwicklung *(Kastrationstat)*. Das Gewissen wirft es einem wie ein rächender Verfolger bei jedem Erfolg oder Misserfolg wieder vor: «So eine bist du!» «Sich schamlos bei anderen bedienen!» Dabei geht Lernen und Eigene-Erfahrung-Aufbauen gar nicht anders, als dass man sich bei den Erfahreneren alles «holt», was diese können. Aber psychisch ist es ein Entreißen, An-sich-Reißen, sodass man diese Beute lieber nicht offen zeigen will, sondern sie kleinlaut versteckt und sich nur insgeheim freut. Dabei ist dies lediglich eine reaktivierte körperliche Fantasie, die sich im seelischen Erleben so anfühlt, als gäbe es eine reale Bedrohung. Der Haken ist: Es schadet dem eigenen Erfolg und es kann unglücklich machen, weil Frauen so unter ihren Möglichkeiten oder in der hinteren Reihe bleiben, während Männer an ihnen vorbeiziehen.

Noch weiter entfernt vom Erfolghaben sind Frauen, die in der Klage steckenbleiben, sie seien benachteiligt, sie würden zu wenig oder gar nicht gefördert, nicht gesehen, nicht entdeckt. Der Selbstzweifel kann so tief verankert sein, dass sie tatsächlich *glauben*, sie könnten nicht dasselbe wie Männer in ihrem Fach oder Beruf. Sie haben sich in dieser Schutzbastion eingerichtet und sind überzeugt, Väter, Brüder und Kollegen hätten es leichter, denen falle alles zu, die «könnten es einfach» – nur sie selbst dümpelten so erfolglos vor sich hin, seien immer in Zweifeln gefangen, brächten nichts auf die Reihe. Manche entscheiden sich, in einer wenig sichtbaren, eher dienenden Rolle zu bleiben: In der klassischen Rollenverteilung der Familie zum Beispiel kann dies die stets hilfsbereite, aufopfernde Rolle sein, die sich immer hinter den Bedürfnissen der anderen zurücknimmt. Was passiert hier? Diese Frauen nehmen unbewusst eine Position ein, als seien sie irgendwie «beschädigt, mangelhaft, ungenügend ausgestattet, kaputt». Diese Begriffe verweisen auf ein Minderwertigkeitsgefühl, das unbewusst seelisch mit dem eigenen Geschlecht bzw. dem Fehlen des männlichen Organs in Verbindung gebracht wird: Sie könnten nicht so «auftreten», «gerade heraus» sprechen, hätten nichts «vorzuweisen», nicht so eine «eindringliche» Stimme, wollten sich nicht «aufdrängen» – alles Sprachbilder für das, was in der psychoanalytischen Sprache *aktiv phallisch* sein heißt.

Frauen, denen dieses «Mangel- oder Defizitgefühl» bewusster wird, können sich sehr unglücklich fühlen, der Wunsch nach einem eigenen männlichen Organ, dem Ende der «Benachteiligung» kann leidenschaftlich aufflammen, die Frau will sich durchsetzen, selbst «Eindruck machen» und eindringen können. Wenn der Wunsch nach einem «eigenen Penis» *(Peniswunsch)* seelisch stark und drängend wird, werden aber auch kindliche Theorien reaktiviert, als das Mädchen dachte, er werde «schon noch wachsen» oder was mit ihm passiert sei, dass es ihn «verloren» habe und er fehle. Die Empörung kann sich dann auf frühere oder heutige Bezugspersonen richten, die einen zu wenig «gefördert» haben, einen benachteiligt hätten. Die kindliche Vorstellung des Mädchens, dass es sich die Chance des Wachstums selbst «irgendwie verbockt» habe, bei heftiger Masturbation, ist jedoch sehr bedrohlich und beschämend und daher verdrängt. Auch das kann ein Grund für das Sichverstecken und Unter-den-eigenen-Möglichkeiten-Bleiben sein.

Diese verschiedenen Positionen und inneren Schutzmaßnahmen können in der Lebensmitte in einem zunehmenden Unglücklichsein oder aber einer neuen Hoffnung wieder an die Oberfläche kommen, dass jetzt noch eine Chance für «das Andere», eine «andere Seite von mir» kommen sollte. Die Frau möchte eine weitere «Ausbildung» oder «Weiterbildung» machen, hinter deren manifestem Wunsch sich auch der tief unbewusste Wunsch nach der körperlich nicht möglichen Zweigeschlechtlichkeit verbergen kann.

Die gute Nachricht ist, dass sich Frauen aus ihren Zeigehemmungen des Sich-klein-Machens und Versteckens befreien können und dass sie als *Gefühlsqualitäten* ihre «aktiv phallischen» Wünsche nach Durchsetzung und Einfluss im Beruflichen, Sozialen, über Leistung, Kunst, Politik oder Sport frei umsetzen können. Wo sie es nicht mit offensichtlichen gesellschaftlichen Phänomenen der noch nicht erreichten Gleichstellung zu tun haben, gibt es im 21. Jahrhundert keinen Grund mehr, dies auf «die Männer» oder ein eigenes «Unvermögen» zu projizieren, wenn sie wirklich den Wunsch haben, mehr zu erreichen. Auch die «Erziehung» kann frau nicht ein Leben lang für alle übertriebene Bescheidenheit und Rücksichtnahme verantwortlich machen. Auch das ist ein Ausweichmanöver, um nicht an sich zu arbeiten. Denn auch bei den Männern ist in der Regel nichts «von selbst» gekommen, auch sie mussten sich vieles erkämpfen oder haben mutig etwas riskiert. Diese behindernden inneren Theorien und Fantasien können bewusst gemacht werden. Es braucht Mut, die Frau muss mehr Angst aushalten lernen, wenn sie öffentlich und stolz zu ihren Errungenschaften stehen will.

Eine weitere Komplikation ist, wenn die potent wirkende Frau, die sich vieles «geholt» hat, auf einen ebenso potenten Mann trifft, dem sie sich in der Liebe mit ihren passiven sexuellen Wünschen und ihrem real vorhandenen aufnehmenden Organ der Vagina hingeben soll. Hier können andere Symptome der Hemmung entstehen, wenn unbewusst ein Teil des kindlichen Dramas nach der Kastrationstat reaktiviert ist: dass ans Licht oder herauskommen könnte, was sie geraubt und im Körperinneren versteckt hat, wenn der Mann ihr sehr nahekommt. Die stärksten Symptome sind jegliche Abwehr von Weiblichkeit, sexueller Empfindungsfähigkeit und Lust. Körperlichkeit und Selbstpräsentation sind dann stark auf die Ebenbürtigkeit mit «männlichen» Attributen ausgerichtet, die aktive Seite ist sehr betont, Gefühle zu zeigen gilt als «weich» oder «schwach». Oder die Frau kaschiert ihr Frausein hinter der Mutterrolle und als neutrale «Teampartnerin» in der Partnerschaft, ist ständig «am Schaffen, Machen und Tun» für die Familie. Sexuelle Anziehung ist nicht mehr vorhanden, «das war einmal» oder war vielleicht nie hoch besetzt.

Zum Problem wird es, wenn die Frau eigentlich anders sein möchte, wenn ihr im emotionalen oder sexuellen Erleben etwas fehlt oder wenn der Mann immer noch an sie Wünsche richtet, die sie lieber «abgeschlossen» hätte. Im Seelischen hat sie es bereits auf eine Weise, die ihr nicht bewusst ist, nämlich tief in sich begraben. Dahinter steckt ein innerer Konflikt, das heißt, dem Wunsch, sich seinen Gefühlen und der Lust hingeben zu können, steht eine nicht bewusste große Angst gegenüber. Was wäre, wenn sie überhaupt einmal zur Ruhe käme, sich zurücklehnen, ihre vom «Funktionieren» oder «Leisten» übertönten Empfindungen spüren und sich völlig fallen lassen würde? Sie käme in den Bereich des Unkontrollierten, Unkontrollierbaren, aber auch Leidenschaftlichen, womit sie die Berührung scheut. Es ist eine tiefe, unbewusste Angst, was beim Zusammenprall der Geschlechter in voller Hingabe geschehen könnte: was der Mann an ihr herausfinden könnte, ihren vermuteten «Mangel» oder – noch schlimmer – «wie schlecht sie eigentlich sei» und dass daher alles, was sie sich «geholt» und angeeignet hat, wie ein «Raubgut» gefährdet sei, zu Schaden kommen oder in einem Akt der Rache ihr wieder genommen werden könnte.

So unwahrscheinlich dies unserer Vernunft auch vorkommt, so wirksam ist es im Psychischen. Diese starke, nackte Angst ist die sogenannte *Kastrationsangst*, bei der die Frau im übertragenen Sinn Angst hat, für «etwas Böses» angeklagt zu werden und dranzukommen. Diese wird so sehr abgewehrt, das heißt, sie spürt nicht einmal mehr die Angst, und auch ihre Empfindungs- und Lustfähigkeit ist in Mitleidenschaft gezogen. Es zeigt sich als emotionale und sexuelle Hemmung und heißt dann zum Beispiel «Das Sexuelle hat mir nie viel bedeutet» oder «Ich bin froh, dass der Mann nicht mehr so viel will». Oder in feineren Varianten ist das Werben, Anlocken und Verführen gehemmt, weil die Frau dann auf sich aufmerksam machen würde, insgeheim aber lieber aktiv verführt und überwältigt werden möchte, was zugleich Angst macht und als «Macho-Fantasie» abgelehnt wird.

4.3.2 Männer: Festsitzen, Wunsch nach Neuland, Potenzprobleme

Viele Männer kommen mit ihrer aktiven, «phallischen» Seite nicht nur sexuell in der ersten Lebenshälfte weit, sondern auch was das aktive Tätigsein, das praktische Herstellen, «Zustandebringen» von etwas Sichtbarem betrifft. Wenn sie nicht selbst unter Leistungs- oder «Zeigehemmungen» leiden, können sie Selbstbewusstsein aus ihrer körperlichen Grundausstattung beziehen und diese befriedigend einsetzen. Dies kann jedoch so einen starken inneren Antrieb haben, dass sie sich über die Jahre und Jahrzehnte völlig erschöpfen, ausbrennen und zu Burnout-Gefährdeten werden, was verschiedene Gründe haben kann (vgl. auch Kap. 4.4.5). Ein möglicher Grund liegt in einer ungewöhnlich starken Abwehr der «anderen Seite», dem, was im allgemeinen Sprachgebrauch als «weiblich, weich, gefühlvoll, passiv» gilt. Der im Seelischen genauso wie bei der Frau veranlagte *passive Wunsch* nach einer Seite, die sich zurücklehnen, überlassen und aufnehmen kann, wo einfach ohne eigenes aktives Zutun «mit einem gemacht» wird, hat für den Mann – analog zum «aktiven Wunsch» der Frau – wieder eigene Schwierigkeiten.

Wenn sich dieser Wunsch ins Bewusstsein vorarbeitet, spürt der Mann (wie der Typ Bruno, der Nachdenkliche) in sich ein Unwohlsein, Druck oder eine starke Unruhe. Wenn er dem nachgeht und in Therapie kommt, zeigt er sich zutiefst unglücklich trotz allem, was er bisher verwirklicht hat, bis zum umfassenden Gefühl einer Midlife-Crisis. Er hat das Gefühl, festzusitzen, gefangen zu sein, zu ersticken. Es drängt ihn eine tiefe, unbestimmte Sehnsucht nach einer neuen Erfahrung. Unter dem Bewusstwerden seines Alters und der vergehenden Zeit kommt er in Panik, es könnte bald «zu spät» sein, der Wunsch gehe nie mehr in Erfüllung. Wenn er nicht im Rückzug verharrt wie Bruno, möchte er «Neuland» entdecken, reist dafür vielleicht um die halbe Welt, möchte ein «Entwicklungshilfeprojekt» realisieren, «irgendetwas Nachhaltiges», er möchte sich «etwas Neuem öffnen», dass etwas Neues, ein Fenster «aufgeht». Zugleich hat er große Angst, in ein «tiefes Loch» der Depression zu fallen, die Unzufriedenheit mit seinem bisherigen Leben beunruhigt ihn zutiefst. Er kann die Liebe zu seiner Frau und den Kindern nicht mehr richtig spüren. In all diesen Umschreibungen drückt sich etwas von dem Problem aus: Der Mann wünscht sich unbewusst ein aufnahmefähiges Organ, das ihm körperlich fehlt – eine Öffnung auf dem Damm *(Kolposwunsch)*. Dieser Wunsch ist tief verdrängt, weil schon die Möglichkeit der homosexuellen Lösung für viele heterosexuellen Männer mit starker Angst und Ablehnung verbunden ist.

Ähnlich wie bei den Frauen geht es darum, die seelischen Qualitäten dieses Wunsches zu entdecken und von den Ängsten zu befreien, die auch bei ihm um den Gewissensvorwurf kreisen, was er alles «Schlimmes angestellt» habe, was er seelisch dem Vater entrissen und sich damit in seiner eigenen Männlichkeit wie verdoppelt damit gebrüstet hat. Wer könnte ihm nun zu dieser späten Öffnung verhelfen? Bei einer starken Frau, der er alle Fähigkeiten idealisierend zuschreibt, kann er in bewundernder Verehrung darauf hoffen, dass sie ihm seinen «geheimen» Wunsch erfüllt, dass der «andere Kontinent» noch zugänglich werde. Die eigene Frau kommt ihm seelisch offenbar nicht mehr so vor, er wendet sich enttäuscht von ihr ab, «sie kann ihm das nicht geben» wie damals die Mutter. Die Ungeduld kann groß werden. Würde er sich nun an einen potenten Mann wenden (wie als Bub an den Vater), dass dieser ihm «etwas Neues eröffnet», fürchtet er, dass die ganze Geschichte mit dem «Raubgut» auffliegt und er dafür gerächt wird, er spürt massive Kastrationsangst. Aus diesem Grund ist er blockiert und gefangen in seinem Drängen nach Ausbruch und «Aufbruch» und doch gehemmt vor Angst und Schuldgefühlen, was er seiner Frau damit antun würde. Es bleibt auch hier eine lange Arbeit des Aufdeckens der Wunsch- und Angstfantasien, bis sich diese ablösen und das tatsächlich Realisierbare befreien lässt. Es geht letztlich darum, trotz der reaktivierten seelischen Dramatik das «Andere» in sich kennenzulernen und in eigener Form in sein Leben integrieren zu können. Es kann eine viel geruhsamere, fürsorgliche oder künstlerische Seite sein, oder dass man sich auch etwas geben lassen kann.

Hat ein Mann Probleme mit seinen aktiven phallischen Wünschen, kann sich dies – wie bei der Frau – in Arbeits- und Zeigehemmungen auswirken. Er hat Mühe, eine Arbeit in Angriff zu nehmen, schiebt ewig auf, bis er enorm unter Druck kommt, bekommt «nichts zustande», bleibt an der Oberfläche, lässt sich schnell ablenken, ist sprunghaft. Vielleicht ist ihm bewusst, dass er Angst hat, Fehler zu machen, sich zu blamieren oder allgemein zu versagen. Wenn seine Aufmerksamkeits- und Konzentrationsfähigkeit in anderen Bereichen nicht beeinträchtigt ist, sind dies auch «phallische Hemmungen» aus einer Angst, was alles passieren, was ihm «blühen» könnte, wenn er sich mit seinen Fähigkeiten mehr zeigen würde oder wenn er tiefer in eine Materie eindringen würde. Er ist in einer schriftlichen Arbeit blockiert aus Angst, er müsse von Anfang an einen «perfekten ersten Satz» liefern, er müsse alles schon können. Oder er sieht in jeder Präsentation oder Bewerbung eine strenge Prüfungssituation. Innerlich fühlt er sich verfolgt von seinem Gewissen, das ihn wie vor Gericht auf der Anklagebank behandelt. Diese Form der Kastrationsangst, die auch bei anderen sozialen Ängsten auftritt, kann man lernen, zu konfrontieren, wenn einem bewusster wird, was man aktiv will und wovor man Angst hat.

Die Nähe zu Vorstellungen sexueller Potenz bzw. Angst vor Impotenz ist beim Mann offensichtlicher als bei der Frau. Was die Fähigkeiten, «seinen Mann zu stehen», «sich aufstellen», etwas «durchzustehen» und Ähnliches betrifft, ist die Sorge, zu bestehen, nicht nur mit dem Wunsch nach der Lustbefriedigung verknüpft, sondern auch mit Vorstellungen eines aggressiven Handelns, das sowohl beim sexuellen Akt als auch im übertragenen Sinn zu Ängsten führen kann, andere zu «verletzen», bei der Frau «in die Privatsphäre einzudringen», ein «potenzieller Vergewaltiger» zu sein oder Konkurrenten zu «überrollen». Auch die Angst vor Konflikten ist mit solchen Vorstellungen und der möglichen Wut und «Rache» verbunden, die darauf folgend auf einen zurückfallen könnte. Oder aber die Angst, man werde selbst beschädigt, «bekomme aufs Dach, sobald man die Fühler ausstreckt», blockiert bereits die Entwicklung sexueller Gefühle.

Bei Frauen und Männern gibt es seelisch auch eine rückwärtsgewandte «Lösung», bei der man sich nach einem vollkommenen Zustand, einem «Neuanfang» zurücksehnt, als alles noch gut und möglich schien. Man bleibt dann in einer idealisierten Nostalgie und unbestimmten Sehnsucht hängen, «früher war alles noch besser» – Typ Bruno kreist etwa in dieser Schleife. Man stellt sich den Anforderungen und seinem Potenzial nicht wirklich, vermeidet Unbequemes und Ängste, an sich etwas zu verändern. Das Verharren im enttäuschten Rückzug kann nicht nur (wie bei Bruno) eine vorübergehende Krisenlösung, sondern auch eine Lebenshaltung werden. Wenn man das Erhoffte nicht bekommen hat und darauf besteht, es stehe einem aber zu, ohne weitere Anstrengung, kann man oder frau sich nur verachtend oder zynisch entwertend von den vermeintlich enttäuschenden Personen abwenden – dabei ist der Wunsch im Realen unerfüllbar und nur im Seelischen zu lösen. Manche verlieben sich in eine ideal scheinende mütterliche oder väterliche Person, bei der alles im Harmonischen, Ungetrübten, also in paradiesischen Zuständen vor den Liebesenttäuschungen darüber bleiben soll, was einem die Elternfiguren vorenthalten haben. Wenn beide einander ähnlich harmonisch zugewandt sind, kann dies eine stabile, wenn auch nicht so spannungsvolle Liebeskonstellation sein.

Die skizzierten Triebkonflikte und möglichen Quellen für Symptome zeigen, wie anspruchsvoll und schwierig das Liebes- und Arbeitsleben für beide Geschlechter ist, dass es völlig «normal» ist, dass wir immer wieder in den Strudel von Ängsten und Hemmungen geraten, um die starken inneren Kräfte in uns zu bändigen und eine gangbare Kompromisslösung zu finden. Wenn wir unsere Liebeswünsche und reichen Gefühle trotz der aggressiven Seiten und Ängste nicht völlig «herunterkühlen» und dämpfen wollen, sind wir ein Leben lang gefordert, starke seelische Energien aushalten zu lernen.

4.4 Älterwerdende Babyboomer in der Psychotherapie

4.4.1 Erwartungen

Im Folgenden möchte ich einige Konfliktlagen ausführen, die mir bei den Babyboomern besonders zu sein scheinen, da sie sich bei den noch Älteren weniger zeigen. Wie keine Generationen zuvor haben Männer und neu auch Frauen der Babyboomer-Jahrgänge sowohl die Möglichkeiten als auch den Anspruch an Selbstverwirklichung gehabt. Sie sind mit hohen Idealen durch das Erwachsenenleben gegangen: Um nicht nur den Wunsch der Eltern einzulösen «Ihr sollt es einmal besser haben», sondern auch «Wir wollen es besser und gerechter machen» in Bezug auf Berufschancen, Kinder und Gleichberechtigung. Selbst oftmals noch von einer traditionellen Erziehung geprägt, die stark nach gesellschaftlichen Normen ausgerichtet war («Was denken die Leute»), standen sie in der Spanne zwischen dem Fortführen der elterlichen Vorbilder und der Verführung durch neu entstehende Rollenmodelle einer freiheitlichen, emanzipierten und die Liebeswahl der Partnerschaft versprechenden Vision der Nach-68er-Zeit. Das brachte ganz neue Freiheiten der Selbstbestimmung: gleich viel in Ausbildungen und Berufsmöglichkeiten investieren, bewusste, oft spätere Familienplanung oder die Wahl, keine

Kinder zu haben, man muss nicht aus wirtschaftlicher Abhängigkeit zusammenbleiben – so die Theorie und Hoffnung.

Was ist aus ihr geworden? Wer in die Psychotherapie kommt, ist mit etwas unzufrieden, hat Leidensdruck und daraus gespiesenen Veränderungswillen. Etwas an den bisherigen Kompromisslösungen – seelische Konfliktlösungen sind immer der einem Menschen zu einer Zeit bestmögliche Kompromiss – ist unbefriedigend und erzeugt Leiden, etwas ist aus dem Gleichgewicht oder ins Stocken geraten, das Verhindernde seelischer Schutzmechanismen hat überhandgenommen. Schutz wird aus Angst aufgebaut. Vereinfacht bedeutet dies: Entwicklung wird verhindert, wenn die bewussten und unbewussten Ängste regieren und die lebensbejahenden Wünsche in Schach halten statt umgekehrt.

Das Unbehagen durch die vergehende Zeit erhöht nun für die auch stark leistungsorientierten Babyboomer, die unter der Flagge der Selbstverwirklichung unterwegs sind, den inneren Druck nach einer inneren Bilanz, man müsse etwas erreicht und vorzuweisen haben. Am 50. Geburtstag oder spätestens zum 60. müsse man sein «Lebenswerk» soweit verwirklicht haben. Diese innere Erwartung wird angeheizt durch unser Ich-Ideal als Bestandteil des Gewissens und beständigen inneren Antreibers: «Schau, was die anderen alles gemacht und geschafft haben – und du»? «Du hast zwar dieses und jenes erreicht, aber das andere zentrale Lebensziel hast du völlig verfehlt!» «Schau dir die Brüche und all das Unfertige an!» Diese Vergleiche mit den Gleichaltrigen, von denen es ja so viele Beispiele gibt – jetzt in der Umkehrung von «Was denken die anderen» in «Was habe ich im Vergleich zu ihnen» –, können sich in der Lebenskrise zu einem starken Versagensgefühl steigern, sich vor den eigenen Ansprüchen oder Erwartungen von anderen einzugestehen: «Ich habe total versagt». Und wenn man sich, der Selbstverwirklichungsmaxime zufolge alles selbst zuschreibt, folgen auf dem Fuß zwei niederschmetternde Gefühle: Scham und Deprimiertheit: «Ich habe es wirklich nicht gebracht, so ein Versagen, nur ich habe es verbockt.»

Äußere Anlässe und Gründe dafür gibt es reihenweise, wie in Kapitel 1 aufgeführt: viele Umbrüche und Umstrukturierungen im Berufsleben, die auch noch zu später Arbeitslosigkeit und einem finanziell unsicheren Alter führen können, häufige Trennungen, materielle und emotionale Scheidungsfolgen, Alleinerziehende oder Patchwork-Familien, weniger verbindlicher Rückhalt in Wertegemeinschaften. Selbst wer es nicht beschämt auf sich selbst bezieht, erlebt in der krisenhaften Zwischenbilanz eine starke Desillusionierung: Das Versprechen der Gleichberechtigung wurde gesellschaftlich noch zu wenig eingelöst. Gleiche Chancen, Karriere und Familie zu vereinbaren? In vielen Berufen Fehlanzeige, wegen fehlender Kinderbetreuung nur mit Unterstützung der Großeltern. Oder entweder Verzicht auf das Weiterkommen im Beruf oder auf Kinder. Männer sind desillusioniert, wenn sie gar nicht so viel Zeit mit der Partnerin und den Kindern hatten, wie sie wollten, wenn sie zu sehr auf das traditionelle Ernährermodell als Beitrag zur Familie gesetzt und dann das Gefühl haben, vor lauter Arbeit sei das Leben «irgendwie an ihnen vorbeigezogen». Auch sie sind in eine abhängigere Rolle geraten, als sie es sich vielleicht vorgestellt hatten. Und wenn dann auf einmal die Partnerin «erwacht», alles «nachholen» will, ausbricht, den Mann verlässt, doch er muss weiterhin für den hohen Lebensstandard sorgen, fühlt er sich vor einem Scherbenhaufen stehend.

Bei näherer Betrachtung wirkt in vielen Angehörigen dieser Generation als innere Richtschnur weiterhin die Vorstellung eines «perfekten Lebenslaufs», geradlinig, folgerichtig – was es vielleicht noch für die Eltern gab, jedoch in keiner Weise mehr der modernen individualisierten Lebens- und Arbeitswelt entspricht. Wenn die innere Identifikation mit Idealen und Erwartungen der Eltern nicht bewusst ist, jagen die erwachsenen Kinder ihnen bis über die Lebensmitte nach. Besonders ausgeprägt ist dies in traditionellen Handwerks- oder Familienbetrieben zu sehen, in denen das Geschäft übernommen wurde, aber die Ablösung und der Generationenkonflikt aus Angst vor autoritären Machtkämpfen mit dem:der Seniorchef:in nicht geführt wurden. Zwischen familiärem und Modernisierungsdruck stehend beuten sich die Chefs und Chefinnen der mittleren Generation aus, um das «Familienerbe zu retten», bis sie psychisch erschöpft zusammenbrechen und das in den Augen der Eltern erst recht eine «Blamage» ist.

Das Versagensgefühl, Scham und der Gewissensdruck, aus der erwarteten Rolle doch nicht ausbrechen zu können, sind so stark, dass erst der Ausweg über Krankheit, Klinik und lange Rehabilitation die Ablösung vom unbewussten Identifiziertsein mit dem inneren Antreiber möglich macht. Dahinter zeigt sich Angst vor Liebesverlust und Strafe, der man die Stirn bieten muss, um die späte Auflehnung gegen das elterliche «Gesetz» und die Befreiung vollziehen zu können.

4.4.2 Erschöpfungsdepression in der zweiten Lebenshälfte: Kriegsenkel:innen

Eine ähnliche verspätete Ablösung ist auch bei Kindern eines psychisch kranken Elternteils oder bei den Kindern traumatisierter Kriegskinder oft noch notwendig. Die Gründe sind jedoch andere. An Kindern der Holocaustüberlebenden sowie in Psychotherapien von Kriegskindern in Deutschland wurde untersucht, wie unbearbeitete Traumatisierungen an die nächste Generationen weitergegeben werden. Die Erfahrungen von schwer belasteten Kriegskindern wie Bombenangriffe, Verluste, Hunger, Flucht und Vertreibung haben sich auf ihre psychische Entwicklung, Verarbeitung und die Rolle als Eltern ausgewirkt. Als Traumafolge mussten sie das Belastende abspalten und tief verdrängen, hatten dann aber auch wenig emotionale Wärme und Nähe zur Verfügung oder gar nie selbst erlebt. Sie lebten in einem «Funktionsmodus», der half, die Verdrängung aufrechtzuerhalten. Als Eltern fiel es vielen schwer, sich auf emotionale Bedürfnisse und Nöte der Kinder einzustellen. Dies lässt auch die unbewusste Weitergabe von Kriegsfolgen und Aufträgen an die nächste Generation der Kriegsenkel:innen besser verstehen, die Teil der deutschen Babyboomer sind.

Die betroffenen Kriegsenkel:innen werden in der Fachliteratur mit wiederkehrenden Merkmalen beschrieben (nach Reddemann, 2015; www.forum-kriegsenkel.de; Hermann, 2017, S. 34ff; Hermann, 2020): Sie wurden als Stütze des Systems der «heilen Welt» geboren, um die Kriegskinder zu heilen. Sie sollten die Hoffnung der Eltern nicht enttäuschen, es besser haben und machen. Viele sind bis heute nicht abgenabelt und leben in übermäßiger Sorge um die Eltern – wie eine Patientin Mitte 50 realisierte: «Ich musste immer ‹Ersatzmutter meiner Mutter› sein, die ihre Mutter auf der Flucht verloren hat.» Sie tragen verinnerlichte Gefühle der Kriegskinder in sich, sie seien an ihrem verunsicherten Lebensgefühl «selbst schuld», sie hätten «ja nichts Schlimmes erlebt», fühlten sich aber von Sorgen und Ängsten überschwemmt. Die Erfüllung der Aufträge hat die Kriegsenkel:innen jahrzehntelang zu hoher Anstrengung und Verausgabung angetrieben, bis manche mit Burnout-Syndromen, schwer depressiven Erschöpfungszuständen oder Angststörungen zusammenbrechen. Dies tritt häufig erst dann auf, wenn mit dem Älterwerden die körperliche Kraft nachlässt oder die Arbeit als Verdrängungshilfe wegfällt. Für diese Untergruppe der Babyboomer habe ich die Hypothese der «Generation Erschöpfung» aufgestellt (Hermann, 2017). Sie ist auch in der Schweiz in der Psychotherapie regelmäßig anzutreffen, als eingewanderte Deutsche oder mit einem kriegstraumatisierten Elternteil aus den Nachbarländern.

Allgemein müssen Kinder eines psychisch kranken Elternteils (oft das älteste Kind) häufig viel zu früh zu viel Verantwortung übernehmen, es findet eine Rollenumkehr statt. Statt dass das Kind umsorgt und beschützt wird, versucht es, dies für den kranken Elternteil zu leisten. Es wird früh selbstständig und bekommt dafür Anerkennung. Die Kehrseite ist, dass dieses Muster automatisiert ein Leben lang «anspringen» kann – wo immer Hilfe benötigt wird, sind sie zur Stelle, laden sich noch mehr auf, klagen nie und können sich nicht abgrenzen. Denn unbewusst ist eine Angst aus der Kindheit aktiviert, was passieren würde, wenn sie nicht helfen, alles zusammenhalten und «retten» würden: dass die Familie zusammenbricht, eine Katastrophe passiert, sie verstoßen werden. Erst wenn man in der Therapie diese Mechanismen durchschaut und die Schuldgefühle bearbeitet, weil man nun «die kranke Mutter im Stich lässt» (selbst wenn sie schon tot ist), gelingt eine Ablösung aus dieser jahrzehntealten, kräftezehrenden Rolle. Es ist schmerzhaft, aber sehr erleichternd, zu verstehen, woher das alte Gefühl einer schweren Last und Trauer kommt und dass man sich gegen diese «fremden» Gefühle wehren darf.

4.4.3 Im «Sandwich» der Generationen: Verlustängste bei Frauen um die Sechzig

Solange die älteren Babyboomer gesund sind, leben sie die Wünsche der 50er und des dritten Alters aus. Patientinnen zeigen hingegen die Ängste vor dem Älterwerden und Alter viel deutlicher, ohne dass sie es selbst bewusst merken. Sie geraten in Panik, haben Angst- und Schwindelzustände und trauen sich irgendwann kaum noch alleine aus dem Haus. Ein Beispiel sind Frauen nach der Menopause, die nach einem einschneidenden Erlebnis wie einem Sturz beim Wandern, einer Höhen- oder Fallangst innerlich etwas erlebt haben müssen, das sich so anfühlt wie «Ich war auf dem Zenit und jetzt geht es nur noch steil abwärts.» Sie erleben im Sturz und später in der Angstsymptomatik den vollen Kontrollverlust. Innerlich ist ein Angstbild vom Alter als «Es geht nur noch abwärts, ich verliere alles» aktiviert. Innerhalb der Familie beschreiben sie eine starke Verlustangst: «Ich muss nach allen Seiten loslassen und verliere alles: die Rolle im Zentrum der Familie, die Kinder, die hochbetagten Eltern.»

Auffallend ist, dass sich diese Frauen stark mit anderen vergleichen und eine durchzogene Bilanz ziehen: Sie hätten nichts «Vorzeigbares» erreicht wie der erfolgreiche Mann oder wie Freundinnen, die Karriere gemacht hätten. Sie pendeln zwischen einer existenziellen Angst vor Leere und der Hoffnung, sie bekämen doch noch eine «Entschädigung» für ihre Aufopferung in der Familie. Bindungs- und Verlustängste zeigen sich jetzt unter dem Thema «Ich war immer der Dreh- und Angelpunkt in der Familie, alle kamen immer zu mir», jetzt fühlen sie sich nicht mehr gebraucht. Sie haben ein klassisches Rollenmodell des «Dazuverdienens» gewählt, fühlen sich aber jetzt minderwertig, das Älterwerden wird zur narzisstischen Krise tiefer Wertlosigkeit. «Habe ich mir nur etwas vorgemacht, habe ich mich selbst betrogen?»

Besonders für die Schweizer Babyboomgeneration der Frauen erscheint die Heftigkeit des Aufeinanderprallens von gesellschaftlich möglichen Lebensentwürfen im Ich-Ideal und dem realisierten Modell besonders stark. Sie entwerten das Eigene, ihre persönliche Wahl angesichts schillernd erscheinender Nachbarinnen und Freundinnen, die geschäftig ihren Vollzeitberufen nachgehen und scheinbar erfolgreiche «Hochglanzfamilien» präsentieren. Im Vergleich empfinden sie ihre Werte, den emotionalen Einsatz für die Familie und die Karriere des Mannes nicht als etwas Vorzeigbares, sondern als wäre es von Angriffen bedroht und müsste als etwas Minderwertiges beschämt versteckt werden. Sie vergleichen sich mit sozial Bessergestellten und sich selbst radikal vernichtend. Dies könnte bedingt durch die späten Emanzipationsmöglichkeiten und die fehlende Kinderbetreuung im Vergleich zu Deutschland verzögert und verschärft auftreten.

4.4.4 Depression im Pensionsalter

In dieser Gruppe beschreiben ältere Babyboomer, Männer wie Frauen, die Beschwerden des älter werdenden Körpers mit Ausdrücken wie «Alles geht aus dem Leim» und das Erreichen des Pensionsalters mit «Mich will eh niemand mehr», «Ohne Arbeit falle ich auseinander». Vielleicht können sie das Aufgeben der Arbeit mit reduziertem Pensum noch hinauszögern, doch der Verlust droht als existenzielle Angst vor Sinnlosigkeit und tiefer Depression. In dieser Stimmung äußern nicht wenige Menschen über 60 die Fantasie: «Mit 70 melde ich mich bei ‹Exit› an» (eine Schweizer Sterbehilfeorganisation). Sie haben unbewusst Vorstellungen vom Alter als alt = «beschädigt, kaputt», sind identifiziert mit einem anhaltenden Gefühl eines solchen Beschädigt- oder Kastriertseins, bei dem ihre innere Potenz und Lebendigkeit verloren scheint. Sie erleben den Rückblick auf ihre Lebensleistung als Bilanz und Abrechnung wie vor dem höchsten Gericht und «werfen» unter Gewissensdruck alle Stärken und Kompetenzen «weg»: «Ich kann gar nichts mehr, ich habe total versagt.» Die Lustbefriedigung der späten Freiheit und des «wohlverdienten Ruhestands» sehen sie nur bei anderen, wegen Schuldgefühlen meinen sie, sie hätten dies nicht verdient. Ihre Selbstwertkrise verschärft sich, wenn sie sich mit der gesellschaftlichen Überhöhung von Leistung und einem hochfunktionalen Körper identifizieren, der ein «erfolgreiches Altern» bescheren sollte.

4.4.5 Psychotherapie der Erschöpfungsdepression

Was ist besonders an einem Burnout-Syndrom (eine leichtere Form) oder einer Erschöpfungsdepression (ein schwererer Zustand) im mittleren Lebensalter? Nach einem Modell für die lebenslange Entwicklung bringen im Erwachsenenalter Beziehungen die seelische Entwicklung voran. Im Alter hingegen wird der Körper zum «Motor» und Organisator der Entwicklung (Heuft, 1994). Die Babyboomer befinden sich nun dazwischen im Übergang. Wer die mittleren Lebensjahre durch unbewusste Aufträge (wie die Kriegsenkel:innen) oder seelische Konflikte stark angetrieben erreicht, kann innerpsychisch unter Druck geraten durch aufgeschobene Triebwünsche und das Gefühl, das könne noch nicht alles gewesen sein, er:sie hätte noch gar nicht richtig gelebt.

Zugleich machen sich Anzeichen des Älterwerdens und der begrenzten voll aktiven Lebenszeit bemerkbar. Häufig läuten körperliche Grenzerfahrungen wie Erkrankungen, Operationen und Stürze oder Verluste (Partner:in, Eltern, Arbeitsplatz) die Krise des Älterwerdens ein. In dieser inneren Situation befinden sich viele der depressiv erschöpften Babyboomer: Sie sind von beiden Seiten der Entwicklungsorganisatoren unter Druck und eingeengt zwischen «nicht mehr jung» und «noch nicht alt», zwischen den Generationen und nochmals verstärkt auf der Suche nach der eigenen Identität. In der Erschöpfungsdepression brechen sie unter der Anstrengung der unbewussten Aufträge zusammen und mit ihnen ihre bisherigen Schutz- und Bewältigungsmechanismen. Dazu gehören auch im Alter wegfallende Anpassungsmechanismen wie die «Identifikation mit der Rolle» (Kipp, 2002).

Die Psychotherapie hat die Aufgabe, den inneren Antrieb hinter dem selbstschädigenden Leistungseinsatz zu verstehen, unbewusste Aufträge, Rollenumkehr, starke Identifikationen und bisherige Bewältigungsformen zu analysieren. Dies kann zu einer starken Entlastung, Ablösung von den Eltern und der Delegation über die Generationen und damit zu einer «zweiten – nachgeholten – Adoleszenz» und Identitätssuche führen. Damit öffnet sich der Blick für die Auseinandersetzung mit dem Älterwerden, den damit verbundenen Wünschen und Ängsten und einer neuen Sinnsuche. So kann sich der Zusammenbruch zu einer Chance des Aufbruchs und der Reifung der Persönlichkeit wandeln, die zugleich eine Vorbereitung auf das dritte Alter ab 60 Jahren darstellt.

5 Aufbruch

Was macht mich frei?

5.1 Die Chance einer zweiten Adoleszenz

These: Der Zusammenbruch kann zur Chance, zu einer zweiten Adoleszenz werden, die zu mehr Freiheit und bewusstem Leben führt.

Wer den soeben beschriebenen Prozess durchlebt, nimmt enorme innere Veränderungen in Angriff. Er:Sie erlebt, wie viel «Sprengstoff» das mittlere Alter und der Übergang zum dritten Alter bergen kann – es kann sich als verstörender Umbruch wie eine zweite Pubertät oder Adoleszenz anfühlen. Vor allem dann, wenn die erste gar nicht richtig stattgefunden hat, wenn in der Jugend die Lösung lautete: Anpassung, Unterordnung, Rückzug und Verzicht auf aggressive Rebellion. Dies ist häufig in belasteten Familien der Fall, wenn ein Elternteil oder Geschwister krank war oder die alleinerziehende Mutter nicht noch mehr überfordert werden durfte. Das belastete Familiensystem wurde geschont und vor unangepassten, provokativen oder konträren Einstellungen und Wünschen verschont. Eine unbewusste Angst, dass jeder abweichende Lebensimpuls zu unüberbrückbaren Konflikten und Liebesentzug führen würde, die die jeweilige Beziehung nicht aushalten würde, lässt jedes Risiko scheuen. Der Lebensstil ist allseits vernünftig, unauffällig, frei von Überraschungen.

Wenn dies aber nicht dem Grundcharakter eines Menschen entspricht, er sich nur aus psychischen Gründen des Ausbalancierens im Familiensystem so angepasst hat, kann in der zweiten Lebenshälfte ein größerer Einschnitt wie eine Trennung, Krankheit oder Frühpensionierung eine umfassendere Lebenskrise auslösen. Plötzlich scheint nichts mehr zu passen, das Vorhersehbare nervt, führt zu Überdruss, Routine und Wiederholungen stören, die Fürsorglichkeit der Nächsten wird plötzlich als erstickende Überfürsorge wahrgenommen. Betroffene suchen etwas Neues und wissen nicht was. Wenn sie sich diesen Gefühlen mutig stellen, tauchen aus dem Inneren, oft lange verdrängt, Impulse nach dem Eigenen, Unabhängigen und ein Freiheitsdrang auf. Sie wollen Zeit allein haben, weggehen, brauchen Ruhe, um sich den unbequemen Fragen im Innern zu stellen, ärgern sich über das «verpasste Leben», das «Zu-lieb-Sein», «Immer-nur-für-die-anderen-geschaut-Haben». Und nun, vielleicht mithilfe einer Psychotherapie, finden sie die Gründe dafür in jahrzehntelanger übermäßiger Anpassung, Verausgabung und Unterdrückung jeglicher aggressiver Gefühle. Dann müssen sie erst lernen, wie ein Teenager, dass es ein Recht gibt, Nein zu sagen, etwas anderes zu wollen, sich abzugrenzen von Bedürfnissen anderer, allein fortzugehen. Sie möchten ein unabhängigeres, selbstständiges Ich neu entdecken. Es ist aufregend und verunsichernd zugleich, aber lässt sich nicht mehr zurückdrängen. Der Weg ins Ungewisse braucht Mut, aber ohne die lebendigen Gefühle, sich neu zu (er-)finden, Neues zu wagen, gibt es keine Zufriedenheit mehr.

Wie sich das auf die in Kapitel 4 erläuterten «Entwicklungsaufgaben» auswirkt, was es in den verschiedenen Lebensbereichen zu verändern und entdecken gibt, möchte ich nun nicht mehr aus der Sicht der Probleme erörtern, sondern um die Perspektive auf mögliche Lösungen erweitern. Denn trotz aller Krisen des Älterwerdens: Solange wir «mittendrin» sind, liegt hoffentlich auch noch viel Zeit vor uns, die wir nutzen können. So heißt es jetzt: Wo möchte ich nochmal nachlegen oder mich mehr entfalten? Wo habe ich noch etwas nachzuholen, was ich noch nicht ausgelebt habe?

5.2 Entwicklungsaufgaben des Älterwerdens umsetzen

5.2.1 Reagieren auf den sich verändernden Körper

Ein paar Möglichkeiten, sich auf die Bedürfnisse des Körpers einzustellen, habe ich in Kapitel 4.2.1 schon genannt: Methoden, die die Körperwahrnehmung und Atmung schulen und beweglich halten. In diesem Zusammenhang ist «Achtsamkeit» ein oft unscharf gebrauchter Modebegriff geworden. Er hat seine Wurzeln in buddhistischen Meditationsformen und meint eine regelmäßig zu übende Praxis, bei der man lernt, sich in seiner Umgebung wahrzunehmen, ohne zu bewerten, ob die Empfindungen und Gedanken gut oder schlecht sind. Die Konzentration auf die Atmung und das Stillwerden der Gedanken zu lenken, ist in unserer reizüberfluteten Umwelt eine Herausforderung: still sitzen, unbeweglich, keine Ablenkung, nicht erreichbar, ohne Ziel und Erwartung. Die Erfahrung der Zeit, der Stille, des Körpers schult die Wahrnehmung dessen, was ist, wie es mir im Körper, in den Gefühlen, in den Gedanken geht, wie es ist, loszulassen und einfach zu schauen, was kommt und als Nächstes kommt. Vielleicht merke ich die ruhelosen Gedanken (die «Affen», wie Buddhist:innen sagen) oder Momente, in denen etwas ins Lot kommt. Es ist eine Grunderfahrung, mit sich selbst in tieferen Kontakt zu kommen und vertrauter zu werden.

Darauf baut jede Form von Psychotherapie auf: zu merken, was ich denke, welche Fantasien aufsteigen, wie ich fühle, wie der Körper empfindet, um dann zu erleben, wo ich eine Wahl habe, mich in etwas hineinzusteigern, im Gedankenkreisen zu verharren, Angstfantasien zu unterhalten oder zurückzukehren zur Atmung und zur Körperhaltung, und dass meine Art des Denkens oder Nicht-Denkens mein Befinden verändern kann. Achtsamkeit lehrt, die Dinge anzunehmen, wie sie sind.

Wenn ich meinen Körper besser spüre, welche Signale gibt er

mir? Eine Berufskollegin im Pensionsalter äußerte sich zum Älterwerden einmal so: «Man fühlt sich 15 Jahre jünger, als man ist, aber zugleich ist doch alles zerbrechlicher. Nicht alle Körperorgane haben dasselbe Alter, manche sind jünger, manche viel älter. Im Freundeskreis nehmen schwere Erkrankungen zu. Es wird bewusster, dass die Zeit kostbar ist.» Das Bild der unterschiedlich alten Körperorgane beschreibt sehr gut, dass mir manche Organe «wie immer» einsatzbereit und mühelos zur Verfügung stehen, Lust an der Bewegung, Kraft und Energie bereiten und andere Körperteile sich häufig melden, mehr Pflege und längere Erholungszeit fordern. Darauf Rücksicht zu nehmen, aber auch in die Beweglichkeit, Ausdauer und Kraft zu investieren, sich nicht zu viel zu schonen, das ist ein Balanceakt, der ein ständiger Begleiter bleibt. Wer mit Schmerzen oder größeren Einschränkungen lebt, muss sich das aneignen, will er:sie von einem vielleicht anfänglichen Gefühl von «Kaputt- oder Beschädigtsein» wieder loskommen.

Ein Vorzug ist, wenn ich wählen kann, wo ich die körperliche Lust spüre, schnell, sportlich und dynamisch zu sein, und wo ich ein geruhsameres Tempo genieße und ruhiger sein möchte. Ob ich mich voll leistungsfähig fühle oder nicht mehr gewillt bin, mich ständig zu strapazieren. Dass ich meine Körperenergie für all das nutze, was mich befriedigt und lebendig fühlen lässt. Viele leben zu Beginn des Pensionsalters das Gegenteil von «Ruhezustand», sind immer auf Achse, wollen vieles nachholen («Endlich Zeit für ...») und leben sich darin voll aus.

5.2.2 Umgehen mit den Bedürfnissen nach Liebe, Selbstbehauptung, Anerkennung

Liebe

Neben den Veränderungen im Liebesleben stehen langjährige Partnerschaften vor weiteren Herausforderungen. Besteht ein größerer Altersunterschied, fällt er auf einmal ins Gewicht: Das Paar ist nicht mehr in derselben Lebensphase, altert nicht zusammen. Damit lässt sich das Alter vielleicht noch etwas länger ignorieren und weiter aufschieben, aber wenn der:die Ältere (häufiger Männer) aufhört zu arbeiten, kommt etwas aus dem gewohnten Tritt. Es entsteht ein Ungleichgewicht an Zeit und Wünschen. Der:Die Partner:in (häufiger Frauen) lassen sich dann frühpensionieren, «um die Zeit miteinander zu genießen». Eine Zeitlang hält sich das Paar mit Aktivitäten und Reisen beschäftigt, aber oft kommt es zu mehr Konflikten, die Partner:innen verbringen so viel Zeit miteinander wie noch nie, nerven sich am Alltäglichen, zu viel Nähe und Fürsorge erstickt die Zuneigung. Die Kinder haben ihr eigenes Leben. Wenn keine Enkelkinder da sind, fehlt vielleicht eine gemeinsame Aufgabe.

Und vor allem fehlt das Trennende, der eigene Raum für jeden. Unterschiede treten stärker hervor, wenn beide nicht mehr regelmäßig für lange Zeit das Haus verlassen und ihr soziales Umfeld außerhalb haben. Nicht alle Paare sind darauf vorbereitet. Wenn noch hinzukommt, dass beide verschieden mit dem Übergang umgehen, die Wünsche für die «späte Freiheit» weit auseinanderliegen oder noch gar nicht klar sind, knirscht es häufiger. «So habe ich mir das nicht vorgestellt» heißt es dann, am anderen macht man fest, womit man selbst Mühe hat: dass viele Dinge ganz neu ausgehandelt werden müssen. Dass jede:r für sich ihre:seine eigenen Interessen und Kontaktbedürfnisse erkunden muss, was sie:er noch will im Leben, um dann auch die Wünsche nach Gemeinsamem auszuloten. Hat der ältere Partner noch junge Kinder, driften die Lebensphasen noch stärker auseinander, das Altern wird verdrängt, der Druck im Beruf nimmt vielleicht zu, der «Jungbrunnen» Familie wird auf einmal zum Stress.

Manche langjährigen Paare betonen, wie sich die Qualität der Liebe wandelt, dass mit dem Älterwerden das Freundschaftliche oder «Kameradschaftliche» stärker werde, die gemeinsame Geschichte verbindet, aber auch die gegenseitige Unterstützung.

Dies alles braucht viel Beziehungspflege, viele Gespräche, und nicht alle Paare können das gut miteinander. Wer hingegen allein lebt, muss für sich die Wünsche nach Beziehung und Unabhängigkeit klären, auch mögliche Liebesenttäuschungen, Resignation und Ängste, die im Weg stehen. Die Suche ist jedoch eine größere Herausforderung – die Lebenserfahrung macht nicht nur klarer, was man will, sondern auch, was man alles nicht (mehr) will, die Persönlichkeit ist weniger flexibel als früher, die Vorstellungen sind konkreter. Für Frauen geht eine Schere der verfügbaren Männer auf, solange viele Männer jüngere Frauen suchen und sie nicht die künftige Pflegerin eines Jungseniors werden möchten. Jüngere Männer, die offen sind für ältere Frauen, sind außer unter Prominenten noch selten. Aber noch einmal eine erfüllte Liebesbeziehung zu suchen, ist auch eine Chance der Babyboomer mit den Lebensverläufen voller Überraschungen.

Und wie sieht es aus mit der Selbstliebe? Kann ich mit mir so ins Reine kommen, dass ich meine Selbstkritik im Zaum halte, liebevoll mein Bemühen, mein Scheitern und meine Schwächen begleite? Dass ich mich im Großen und Ganzen gernhabe und dankbar bin für meine Gaben? In deprimierter Stimmung neige ich dazu, bei den anderen viel toleranter und nachsichtiger zu sein als bei mir selbst. Die Selbstanklagen stammen vom Gewissen, das ich immer wieder bemerken und konfrontieren muss, um mich dagegen zu behaupten. Werde ich etwas unabhängiger von der Gewissensstimme, kann ich mit mir großzügiger umgehen.

Selbstbehauptung oder Aggression

Die Beschreibung zur Neuauflage oder der nachgeholten Adoleszenz gehört hierher. Wenn ich mich wehren kann gegen soziale Rollen, die nicht mehr passen, wenn ich bewusster wähle, was ich nicht mehr brauche und was ich will, setzt es viele Kräfte frei, die vorher in untergeordneter Position und der Sorge, «es allen recht zu machen», gebunden waren. Warum soll ich dann nicht auch die Lebenserfahrung, die mir den Blick und die Meinungen schärft, nutzen, um mehr Stellung zu beziehen, mich für ein Anliegen stark zu machen, sei es für die Gemeinschaft, politisch oder in beruflichen Gremien? Die Erfahrung gibt Sicherheit, ich kann mehr riskieren, Verantwortung übernehmen, kämpferischer auftreten. Rebellion ist nicht nur die Kraft der Jungen, sondern auch die «jungen Alten» können noch einmal viel in Bewegung bringen – und vielleicht werden sie mit ihrer Erfahrung mehr gehört und können sich Respekt verschaffen.

Überhaupt ist die aggressive Palette von Ärger bis Wut ein ausgesprochen vitales Gefühl, der brodelnde Vulkan, die geballte Kraft. Wenn ich sie nicht verteufle, verleiht sie enorme Energie und eine eigene Form von Lust. Dass auch destruktive Fantasien lustvoll sein können, ist schwieriger anzunehmen, doch die Filme sind voll von spannungsvollen Gewaltfantasien. In der Realität und Geschichte erschüttern sie und können mich dazu antreiben, mich für friedliche Lösungen und Gerechtigkeit einzusetzen. Im Wissen, dass die Aggression zum Menschen gehört, könnten wir allgemein mit dem Älterwerden mutiger werden und den Mund mehr aufmachen, weil wir nun unabhängiger von Autoritäten sind und weniger zu verlieren haben.

Anerkennung oder narzisstische Bedürfnisse

Wenn eine gewisse Desillusionierung stattgefunden hat, welche Ideale und inneren Ansprüche ich vielleicht nicht mehr erreichen werde, ist es zunächst eine Kränkung. Dabei ärgere ich mich über die anderen, bin wütend auf mich selbst oder auch beschämt. Wenn das alles durch ist, entspannt es aber ungemein: Ich muss nicht alles können, muss nicht «perfekt» sein, darf Fehler haben. Ich selbst setze mir die inneren Maßstäbe und kann mich unendlich antreiben für ein bisschen Anerkennung oder aber ich durchschaue meinen Gewissensantreiber und hinterfrage seinen Perfektionismus: «Wer sagt eigentlich, dass ich das muss, dass dann etwas besser ist?» Eine Gruppentherapie endet in befreitem Gelächter, als ein Mann in den 50ern von seiner Erkenntnis berichtet: «Einen Scheiß muss ich! Ich mach's jetzt wie die Jungen: ‹voll easy›!»

Wofür mache ich etwas – aus Leidenschaft, einem inneren Drang heraus, aus Spaß, besser zu werden, oder aber aus der Hoffnung, endlich gesehen, anerkannt, für gut befunden oder vielleicht bewundert zu werden? Brauche ich die Anerkennung wirklich noch von außen, um mich wertvoll und selbstsicher zu fühlen und bleibe dabei abhängig vom Urteil anderer? Oder kann ich in meiner Zwischenbilanz nicht manches als gut gelungen oder Erreichtes mit Stolz erkennen? Der Rückblick könnte mir auch Vertrauen in mich selbst verschaffen, wenn ich mein eigenes Tun stehenlasse und nicht überkritisch abtue. Es wäre echtes *Selbst*vertrauen, mich selbst anzuerkennen. Es macht mich auch weniger anfällig für Kränkungen von außen und letztlich gelassener. Dennoch wünschen wir uns ein Leben lang Bestätigung und Wertschätzung. Doch dies kann auch durch ganz andere Aufgaben oder in sozialen Beziehungen zurückkommen, nicht nur über Leistung, zum Beispiel in einem Ehrenamt oder in Freundschaften.

5.2.3 Gestalten von Beziehungen innerhalb der eigenen Generation

Die «Lebenszeugen» werden immer wichtiger. Freundschaften, die über mehrere Jahrzehnte gewachsen sind, haben Brüche von Partnerschaften oder im Beruf, Verluste, Krankheiten und Abschiede in der Familie überdauert, vielleicht haben wir uns einmal entfernt und wieder angenähert, aber all das hat die Verbundenheit und Vertrautheit vertieft. Jede einzelne solche Freundschaftsbeziehung, die wir aufbauen und mitnehmen konnten, ist ein Schatz für die zweite Lebenshälfte, aber braucht Nachsicht miteinander und Pflege im Sinn von Zeit schenken.

Eine Theorie des «erfolgreichen Alterns» (ein Begriff aus der Zeit, als man die Defizitorientierung der Gerontologie in ihr Gegenteil umzukehren versuchte; heute versucht man sowohl Verluste und Risiken des Alters als auch Gewinne und Chancen zu verbinden) verwendet für die sozialen Beziehungen im Lauf des Lebens das Bild der Karawane: Ein Zug von Menschen begleitet uns durch unser Leben – manche nur in bestimmten Phasen, sie entfernen sich, andere kommen wieder dazu. Es kommt nicht auf die Anzahl an, sondern auf die Qualität, wie offen und ehrlich man miteinander sein kann. Freund:innen können uns weiterbringen durch ihr kritisches Auge für Veränderungen, die wir an uns nicht kennen, aber auch durch Auseinandersetzungen, wenn wir unterschiedliche Meinungen vertreten und einander trotzdem respektieren. «Wahre» Freund:innen erfahren wir in Krisenzeiten, sie sind aber auch die Ersten, die sich an Erfolgen und glücklichen Wendungen mitfreuen.

5.2.4 Gestalten von Beziehungen zwischen den Generationen

Außerhalb der Familie und der Arbeit sind bei vielen die Kontakte zu anderen Generationen spärlich vertreten. Es könnte aber auch ein Gewinn sein, sich mit anderen Altersgruppen auszutauschen, Hobbys auszuüben, Vereinsarbeit zu machen oder in Wohnsiedlungen in Kontakt zu kommen. Von der älteren Generation können wir uns abschauen, dass das soziale Netz trügerisch sein kann, wenn alle zusammen ins höhere Alter kommen. Gleichaltrige sind einander vielleicht näher, aber zur gleichen Zeit von Einschränkungen und Todesfällen betroffen. Das trägt zur Einsamkeit im hohen Alter bei. Je älter wir werden, desto schwerer fällt es, noch neue Kontakte zu knüpfen. Es ist also von Vorteil, wenn wir uns früher darum kümmern, besonders, wenn wir nicht auf familiäre Beziehungen zurückgreifen können.

Es bereichert die eigenen Erfahrungen, der Lebenswelt von älteren und jüngeren Menschen zu begegnen, etwas mitzubekommen, ohne alles teilen zu müssen. Auch die «generative Aufgabe», im Austausch zu sein und bei Bedarf etwas weiterzugeben, kann in vielerlei Form Sinn geben – Fachwissen, Lebenserfahrung, kulturelle Kenntnisse aus der «analogen Welt», Wertediskussionen, Geschichtsbewusstsein. Und wenn es nicht gut ankommt, ist es vielleicht wichtig, sich auch hinterfragen zu lassen.

Weil wir Babyboomer viele sind, könnten wir uns selbst genügen, aber uns irgendwann im Pensionsalter auch in einer eigenen Generationenblase abschirmen. Doch es könnte sein, dass wir dann gebraucht werden, um einander gegenseitig zu helfen und ehrenamtliche Aufgaben in der Gesellschaft zu übernehmen, weil zu wenig Jüngere nachkommen, wir ja aber noch fit und flexibel sind. Vielleicht müssen wir noch viel mehr selbst dafür tun, dass der Generationenvertrag nicht ganz kippt: Länger arbeiten, der Gemeinschaft mehr zurückgeben, Nachbarschaftshilfe, Alte, Kinder, Geflüchtete betreuen? Vielleicht können wir aufgrund der Klimakrise nicht mehr ständig um die halbe Welt reisen und haben dann mehr Zeit dort, wo wir gebraucht werden. Es wäre eine andere Einstellung zur nachberuflichen Phase, wir wären mehr gefordert, könnten weniger bequem hauptsächlich «konsumieren».

Falls die Singlehaushalte weiter zunehmen, könnten Generationen-Wohnprojekte noch an Bedeutung gewinnen, in denen zumindest im dritten Alter noch viel Austausch möglich wäre. Und gleichzeitig könnten wir für die steigende Zahl an Hochaltrigen, die immer länger zu Hause bleiben wollen, Aufgaben übernehmen, die keine Pflegedienste brauchen. Aus der Not der Bevölkerungspyramide, die 1950 noch die Form eines Tannenbaums hatte, durch unsere starken Jahrgänge bis 2000 zur Glocke wurde und sich bis 2050 in einen Trichter verschieben wird, könnte ein neuer Generationenvertrag werden, indem wir im dritten Alter mehr füreinander und für das vierte Alter sorgen. Zeitgutschriften für soziale Aufgaben könnten zur Pflicht werden, sodass wir durch eigenes Engagement auf einem Pflegegutschriftskonto für Hilfen im eigenen Alter vorsorgen. Wir wären mehr aufeinander angewiesen und könnten uns für mehr Zusammenhalt in der Gesellschaft und zwischen Kulturen einsetzen.

5.2.5 Sich stabilisieren durch Beruf und Interessen

Die Visionen zum Generationenverhältnis greifen vor, dass für die Meisten zunächst noch Jahre des vollen Berufslebens stehen. Welches Pensionsalter für uns tatsächlich gelten wird, ist noch ungewiss. Warum wir nicht länger arbeiten sollten für unsere hohe Lebenserwartung und die nicht mehr vollständig finanzierbaren Rentenumlageverfahren, scheint mir nicht plausibel. Im Umkehrschluss müsste es aber auch heißen: Ältere Arbeitnehmende müssen mehr Wertschätzung erfahren. Wir dürfen unser Wissen länger einbringen, sollen unsere besten Jahre noch ausdehnen, Verantwortung übernehmen und behalten, Einfluss nehmen, mitgestalten oder mehr Mentorfunktionen ausüben. Die Jahre, in denen wir am meisten bewirken können, sollen ausgebaut werden. Altersteilzeit wäre ein zusätzliches Modell, das je nach Gesundheit und finanzieller Lage einen allmählichen Übergang erlauben würde. Viele Selbstständige machen dies bereits vor. Auch hier könnten die individualisierten Babyboomer dazu beitragen, dass flexiblere Modelle mit mehr persönlicher Wahlfreiheit entstehen könnten. Wir werden nicht so schnell alle ersetzbar sein, das gibt uns eine gesellschaftspolitische Macht. Und auch nach dem Ausstieg aus dem Beruf ist für viele Menschen das Gefühl, gebraucht zu werden, zentral für die Lebenszufriedenheit. Aufgaben haben stiftet Sinn, um die Lücke des Berufs zu füllen. Für die im vorigen Unterkapitel genannten sozialen Aufgaben könnte es eine neue Form von «Zivildienst» geben, in geringem Umfang, selbst gestaltet.

Aber auch die Muße, Interessen nachzugehen, Fähigkeiten auszuüben und zu erhalten, soll viel Platz bekommen. Wenn wir weniger Fernreisen machen können, entdecken wir wieder mehr das Gärtnern und die Natur vor der Haustür oder das Handwerken. Wir wären mehr «Selbstversorger:innen» im buchstäblichen Sinn und im übertragenen, was die Zeitgutschriften betrifft. Das dritte Alter könnte eine kreative Aufwertung erfahren, wir würden unsere Lust zu lernen und uns weiterzubilden ebenso genießen wie das Neue, was wir im Zwischenmenschlichen erfahren, wenn wir anderen Menschen Zeit schenken. Die Frage, was wir mit der vielen Zeit machen, wird so neu gelöst, es gibt eine Umverteilung von Lohnarbeit und sozialem Selbsthilfe-Dienst. Durch «Rent a Rentner:in» wären Alleinstehende weniger einsam, die Menschen mehr aufeinander angewiesen und fühlten sich gebraucht. Das dritte Alter wäre weniger von individualistischer Freiheit sondern von sozialen Anforderungen bestimmt und erhielte mehr sinnhafte Gestaltungsmöglichkeit nicht nur für Einzelne.

Die Offenheit unserer Generation, auf Neues zu reagieren, könnte auch eine allgemeine Einstellung sein, die für das Älterwerden hilfreich ist: sich immer wieder auf eine neue Situation einstellen zu können, neugierig zu bleiben, das Älterwerden als «Lebensphase voller Überraschungen» zu betrachten und staunen zu können, welche Ideen und Fähigkeiten noch in einem schlummern oder durch andere angeregt werden können. Es wäre eine hoffnungsvolle Einstellung zur eigenen Wandlungsfähigkeit und Kreativität, um das spielerische zu entdecken, das vielleicht auch in alten Jugendträumen verborgen liegen mag – was man schon immer einmal tun wollte. Das musische, gestaltende, handwerkliche Tun bietet eine Vielzahl an befriedigenden Möglichkeiten, sich anders auszudrücken als durch die Arbeit, das ziellose Tun aus Spaß, sich etwas hinzugeben und sich dabei zu vergessen. Auch die Offenheit, sich neue Fertigkeiten oder Sprachen anzueignen, Wissensdurst zu stillen, sich in Gruppen einzubringen, die Neugier auf Orte, Länder, Landschaften auszuleben – der Fantasie sind keine Grenzen gesetzt.

5.2.6 Erhalten der sozialen Sicherheit und Versorgung

Gut für mich sorgen zu können gibt Freiheit, mich umsorgt zu wissen Verbundenheit. Beides ist nicht selbstverständlich und ein Glück oder Privileg. Für die eigene Gesundheit, Sicherheit der Familie und das Alter vorzusorgen, ist eine vernünftige Antwort auf die Risiken von Krankheit und Tod. Ich anerkenne sie und begegne ihnen rational mit Fürsorge für mich und meine Nächsten. Viele, die ihr ganzes Leben lang viel gearbeitet haben, haben dennoch Grund zur Sorge und Unsicherheit, was ihre soziale Absicherung im Alter betrifft. Auch die Trennung einer langjährigen Ehe oder Partnerschaft oder der Verlust des Arbeitsplatzes kann plötzlich zu einer fragilen Lebenssituation führen.

Wenn ich soziale Umbruchsituationen und Erschütterungen erfahren habe, in denen kein Stein auf dem anderen geblieben ist, auch wenn ich Neues gewagt habe oder in Neues hineingeworfen wurde, ohne Sicherheiten, habe ich seelisch etwas an mir erfahren: Trotz Risiken, Ängsten und emotionalem Stress bin ich durchgekommen. Ich habe es durchgestanden, irgendwie ist es weitergegangen, irgendwann hatte ich wieder Boden unter den Füßen. Es braucht Zeit, bis innerlich auch das Gefühl reifen kann: Ich bin dadurch stärker geworden, ich habe Kräfte in mir, die tragen, ich kann wieder für mich sorgen und mir auch Hilfe holen. Vielleicht sind sogar Energien freigesetzt worden, aus denen sich etwas Neues entwickelt und zum Blühen kommt.

Diese Erfahrung gibt vielleicht mehr innere Stärke, als wenn immer alles glatt gelaufen wäre. Ich weiß, ich bin unter den Belastungen wieder aufgestanden, habe gespürt, was der nächste Schritt ist und der nächste, und daraus wurde ein neuer Weg. Ich musste verzichten, mich von vermeintlicher Sicherheit verabschieden,

Ungewissheit aushalten, mein Leben auf den Kopf stellen und sehr beweglich sein. All das, was sich «schwach» anfühlt, solange man drinsteckt, wird zu einer neuen Qualität: Flexibel zu sein gibt neue Stabilität. Das Leben ist nicht mehr dasselbe nach einer Krise. Wenn die Talsohle überwunden ist, ist vieles noch nicht wieder selbstverständlich, was zu einem bewussteren «Leben im Jetzt» führen kann. Ich genieße alles, was wieder möglich ist, verwirkliche, was ich so vermisst habe.

Dies entspricht der «Impfhypothese» nach einer Studie an älteren Männern in einem Akutkrankenhaus, in der nicht die Männer die höchste Lebenszufriedenheit hatten, die nie Belastungen erlebt hatten, sondern diejenigen, die in einer Lebensphase mehr belastet als gefördert worden waren (Schneider et al., 1999). Ernst genommen ist «Gestärkt aus der Krise» keine Floskel, sondern deckt sich mit der therapeutischen Erfahrung, dass ich etwas daraus lernen kann, das die seelische Widerstandsfähigkeit *(Resilienz)* wachsen lässt und auch für zukünftige Zumutungen hoffen lässt: Es besteht keine «Immunität», aber es gibt einen Schutzmantel an Erfahrung um mich, den man mir nicht mehr nehmen kann.

5.2.7 Erhalten der eigenen Identität

Ich mache also die Erfahrung, dass ich so vieles über mich nicht gewusst habe, dass ich noch ein:e ganz Andere:r bin als bisher angenommen, dass ich zu viel mehr in der Lage bin – und sei es zu tiefen Emotionen, die mir bis anhin fremd waren. Manche sagen inmitten der Krise: «Ich weiß gar nicht mehr, wer ich bin.» Im Grunde ist dies eine ehrliche, tiefe Erkenntnis, denn woher können wir wissen, was das ist, «Ich», ohne dass ich mich je von außen erleben könnte? Was bleibt, ist, meine Sensoren nach innen zu wenden und die Gedanken, Fantasien, Träume und Gefühle zu erforschen, die neben dem Bewusstsein aus einem rätselhaft überraschenden Strom aus dem Unbewussten angetrieben werden.

Das «Ich» der Psychoanalyse umschreibt die bewusstseinsfähigen Gedanken und Funktionen der Vernunft, über sich nachzudenken, seine Impulse und Gefühle zu lenken und zwischen den Anforderungen des Gewissens und den irrationalen Triebkräften alltagstaugliche Kompromisse zu finden. Und dass das Ich auch nach einer Krisenzeit des unkontrollierbaren inneren Strudels wieder mehr am Steuer ist. Aber «Identität» meint ja noch viel mehr – ich in meinen Lebensbezügen, wie ich mit anderen bin, mein Selbstgefühl, mein Körperselbst. Und dies auch auf der zeitlichen Achse über meine Biografie hinweg, mit und trotz all der Veränderungen und Entwicklung, die ich durchlaufen habe. Auch auf einer philosophischen Ebene ist es schwer zu fassen. Bin «Ich» nur durch die anderen? Oder vermittelt sich das, was mich ausmacht nur im sozialen Austausch durch das Reden und von mir Erzählen? Auch dies sind Forschungsfelder in der Biografie- und Erzählforschung.

Was könnte das sein, das Identitätsgefühl zu «erhalten»? Streng genommen bedeutet der Begriff zunächst «Etwas bekommen, sich aneignen». Damit ich ein Gefühl für mich selbst «aufrechterhalten» kann – die zweite Bedeutung –, muss ich es mir erst zu eigen machen, mich kennenlernen, was mich als relativ stabiler innerer Kern ausmacht, sozusagen «unverwüstlich» und überdauernd. Dass ich trotz des ständigen Wandels Charaktereigenschaften in meinem Wesen habe, die schon früh angelegt waren, sich in unterschiedlichsten Lebenslagen immer wieder aufs Neue gezeigt haben. Sie haben sich weiterentwickelt, stärker ausgeprägt, sind im besten Falle aufgeblüht – «Ja, das gehört zu mir» –, während andere Seiten stärker von den Umständen, dem gegenwärtigen Umfeld und zeitgeschichtlichen Einflüssen abhängig sind und sich wandlungsfähiger zeigen. Darin liegt auch die Fähigkeit, sich auf neue Gegebenheiten einzustellen, sich anzupassen, beweglich, neugierig und lernfähig zu bleiben.

Beide Teile greifen ineinander und spielen zusammen im lebenslangen Prozess, der gleiche Mensch zu sein und doch ein anderer zu werden. Das wäre eine alltagstaugliche Erklärung, was man unter «Identitätsgefühl» verstehen kann, das es auch zu erhalten und bewahren gilt. Darin schwingt mit, dass es etwas Schützenswertes ist, das erschütterbar ist. Bei überwältigendem, traumatischem Erleben zum Beispiel kann es angegriffen und zerstört werden. Auch wer über Jahrzehnte nicht das «eigene» Leben geführt hat, sondern in Rollenumkehr oder übermäßiger Anpassung sich nur in einem «falschen Selbst» kennt und wiederfindet, muss erst die Erfahrung machen, dass es ein anderes, «wahres Selbst» überhaupt gibt, das sich in schmerzhaften Ablöseprozessen herausschälen kann.

5.2.8 Einstellen auf die sich verändernde Zeitperspektive, Sterben und Tod

Auch in Bezug auf Anforderungen schwerer Krankheit und im Alter bleibt es eine Aufgabe, ob und wie ich meine Identität und Persönlichkeit mit Würde behalten kann, selbst in der Pflegesituation oder im Sterben. Das Kostbare des Lebens zeigt sich immer erst im Spiegel seines Gegenspielers, des Todes, der Vergänglichkeit. Das wäre echte Lebenskunst, beides zusammendenken und -leben lassen zu können. Dass ich nicht total verdrängen muss, was mir zutiefst Angst macht, dass ich aber lerne, es besser auszuhalten, nicht gelähmt zu werden vor Angst und Sorge. Dass ich *trotz* der Angst und Traurigkeit, weil alles Schöne auch begrenzt ist und wieder verloren gehen kann, umso mehr aus dem Vollen schöpfend meine Chancen nutze, das Beste aus meinen Tagen, aus den Liebeskräften in meinen Beziehungen mache. Dass ich mich für etwas einsetze, das mir und meinem Leben Sinn gibt, das vielleicht auch über mich hinausgeht.

Manche Menschen schildern ein Erlebnis, dem Tod «ein Schnippchen geschlagen» zu haben, ihm «nochmal von der Schippe gesprungen» zu sein – als ob es ein Willensakt wäre. Unbewusst mag es das vielleicht sein, ob etwas in mir fürs Weiterleben oder Zurückkehren aus einer zerbrechlichen Situation nah am Tod bereit ist. Andere legen es als Wink oder Bestimmung des Schicksals oder einer höheren Macht aus, dass ihr Leben weitergehen soll. So oder so ist es für die meisten ein Geschenk, eine «geschenkte Zeit». Es kann aber auch ein Spalt im Bewusstsein offen bleiben für eine dunkle Todessehnsucht oder eine helle, tröstliche Fantasie einer Nahtoderinnerung. Dieser Spalt lässt das Erschrecken und Erschaudern zu, aber auch das Auflösen der Angst vor dem, was irgendwann kommt.

Die zweite Lebenshälfte kann reicher werden, wenn der Kontrast der Lebens- und Todeskräfte mehr Platz im Leben hat, wenn die ganze Bandbreite an Erschüttert- und Berührtsein davon da sein darf, dass ein langes, gesundes Leben nicht selbstverständlich ist. Das «memento mori» – das Darandenken, dass man sterblich ist – hat durch die Jahrhunderte auch alle Formen von Kunst zu Höchstleistungen angetrieben. Es ist die seelische Fähigkeit, die Tür etwas offen zu lassen, um sich dennoch voll ins Leben zu stürzen: «Jetzt erst recht!»

5.3 Triebperspektive: Ich will beides

Wenn es um die Umsetzung der Triebkonflikte aus Kapitel 4.3 geht, bedeutet dies, eine innere Lösung zu finden für den Wunsch «Ich will beides»: Die Fähigkeiten, die seelisch mit den Fantasien um beide Geschlechtsmerkmale verknüpft sind, verwirklichen und unter einen Hut bekommen. Ein Buch kann keinen psychoanalytischen Prozess abbilden, auch nicht bei den Entwicklungsaufgaben, daher lässt sich nur umschreiben, worin die befreiende «Lösung» des Konflikts bestehen könnte.

Für beide Geschlechter gilt, dass die seelische Grundverfassung auf einer Triebstruktur aufgebaut ist, die auf gegensätzlichen Polen und ihrer Spannung beruht: Es gibt Befriedigungen, die von der Betonung der aktiven Seite leben, und solche, die auf einer passiven Beteiligung beruhen. Zum Menschsein als Frau oder Mann gehört, sich nach der «vollkommenen» Erfüllung seiner unbewussten und bewussten Wünsche zu sehnen. Dass also beide Anteile, sowohl der als «männlich» als auch «weiblich» bezeichnete, weil er mit den Geschlechtsorganen verbunden ist, zum Zug kommen können. Mann und Frau wollen im Seelischen etwas erreichen, was im Körperlichen nicht möglich ist. Unser Körper zwingt uns ein Entweder-oder auf und somit einen Verzicht. Im Innenleben ist deshalb aber keine Ruhe, sondern die Triebe fordern dennoch ständig, das «Andere» erleben zu wollen. Und es ist ja nicht so, dass die Möglichkeiten des «eigenen» Geschlechts einem von selbst leichtfallen, im Gegenteil, die Beispiele in Kapitel 4.3 deuten es an.

Es geht also darum, sich die Wünsche und damit verbundenen Verwicklungen bewusst zu machen und eine kreative Lösung dafür zu finden, dass wir das seelisch realisieren können, wonach es uns am meisten drängt und was wir vermissen. Gleich ob Mann oder Frau, ich versuche mit Sprachbildern das zu umschreiben, wonach wir uns auf der aktiven und passiven Seite sehnen, was uns glücklich und zufrieden macht, wenn wir es auf irgendeine Weise im Leben umsetzen können.

Aktives Erleben: Mit Betonung der *liebevollen (libidinösen) Befriedigungen und Gefühle* gehört dazu: etwas vertiefen wollen, in Materie eindringen, Neues entdecken, Raum nehmen/füllen, verwöhnen, sich präsentieren, hinaustreten, etwas vortragen, sein Bestes geben, etwas herausgeben, glänzen wollen, Bewunderung suchen, unabhängig sein, aktiv werben, mit Blicken durchdringen, etwas zum Klingen bringen, sich mit lauter Stimme Gehör verschaffen, sich aufstellen, sich durchsetzen, sich etwas herausnehmen, aus dem Vollen schöpfen, jemand beglücken, sich hergeben, alles von sich geben, sich ergießen, sich verschenken. Mit Betonung der *aggressiven Befriedigungen und Gefühle* heißt es: in neue Gebiete vorstoßen, sich das Beste holen, jemand/etwas erobern, jemand angeln, auf Jagd gehen, Beute machen, schießen, abknallen, explodieren, «Täter:in» sein, Trophäen schwingen, sich brüsten, rivalisieren, sich unter den Nagel reißen, aufreißen, vereinnahmen, etwas hinausposaunen, sich behaupten, Macht ausüben.

Passives Erleben: Als *liebevolle Befriedigungen und Gefühle* zählen dazu: sich verzehren, bewundern, anhimmeln, anlocken, Blicke anziehen, sich überraschen lassen, sich zurücklehnen, etwas geschehen lassen, sich hingeben, mit sich machen lassen, sich verwöhnen lassen, sich öffnen, etwas aufnehmen, erfüllt werden, sich etwas geben lassen, sich mitreißen lassen, es voll bekommen, das Beste wollen, Kontrolle abgeben, bedürftig sein, etwas brauchen, abhängig sein, Hilfe annehmen, Raum schenken. Im *aggressiven* Sinn gehört zu den *Lustbefriedigungen:* etwas unbedingt haben wollen, alles wollen, überwältigt werden, übermannt werden, drankommen, gejagt werden, provozierend anlocken, «Opfer» sein, es «richtig besorgt» bekommen, mitgerissen werden, erschüttert werden, aufgerissen werden, bedrängt werden, eingeengt werden, den Atem rauben lassen, sich etwas Mächtigem ausliefern.

Wem es an der einen oder anderen Stelle unwohl wurde, der hat etwas von der Angst gespürt, die viele der Qualitäten neben der Lust auslösen können, und zwar sowohl im Seelischen als auch vor allem in der Realität. Diese Unterscheidung ist zentral: Es geht darum, dass wir akzeptieren lernen, dass wir auch *Wunschfantasien* haben, die uns in der *Realität* höchst zuwider, die bedrohlich und skandalös wären oder ins Kriminelle gingen. Aber unsere Fantasie ist damit reich bebildert, in allen Schattierungen – schauen wir uns die Filme an, die Kinos füllen. Was wir dort an passivem Angstschauder, Thriller oder Gewaltexzess «mitmachen» und uns dazu verführen lassen (oder aber nicht sehen wollen), ist in der Realität ins Strafgesetzbuch gebannt. Es gehört aber zur triebhaften Grundausstattung des Menschen, mit der wir uns herumschlagen müssen, um sie als Leistung der Kultur und Zivilisation «kultivieren» und bändigen zu können. Verleugnen wir viele der Lust- und Gefühlsqualitäten, leben wir vielleicht kontrolliert und vernunftgesteuert, zahlen dafür aber einen Preis mit gedämpften Gefühlen und etwas blutleerem, vorhersehbarem Erleben ohne Überraschungen.

Viele Tätigkeiten des Berufslebens, mit manuellen oder geistigen Fertigkeiten, körperlichem Geschick und Leistungsvermögen, kreativen Betätigungen, Kunstformen und sozialem Geben und Nehmen, können mit diesen Triebqualitäten aufgeladen und hoch «besetzt» werden. Sie drücken – neben den Erfüllungen im Liebesleben – geglückte Umformungen der Triebenergien in allen Qualitäten aus. Aber, sie kommen immer Hand in Hand mit entsprechenden Ängsten, die auch gebändigt werden müssen.

5.4 Erfinden die Babyboomer das Älterwerden neu?

Was sind meine Visionen für das Gemeinwohl, in welcher Welt will ich älter werden, wie möchte ich sie den nachfolgenden Generationen überlassen? Nach den persönlichen Fragen der letzten Kapitel möchte ich den Blick nochmals weiten auf die zeitgeschichtliche Perspektive des «Mittendrin»: Wir sind Viele. Auch in den Übergängen und Lebensphasen, die vor uns liegen. Wir haben also eine Chance, Gleichgesinnte zu finden – für Ideen, neue Projekte, Initiativen, Innovationen. Wir sind gewohnt zu improvisieren und flexibel auf neue Anforderungen zu reagieren. Wir haben auch gelernt, viele unserer Jahrgänge in verantwortlichen Positionen, durch eine Pandemie zu navigieren. Wir sind krisenerprobt und erfahren, aber noch jung und frisch genug, um Neues auszuprobieren.

Vielleicht reizt genau das noch einmal: etwas wagen, suchen, das maßgeschneidert ist für unsere Bedürfnisse «der Vielen» und zugleich ganz pragmatisch. Zeigen, dass wir nicht nur «verwöhnte Wohlstandskinder», sondern zu kreativen Lösungen fähig sind, in die Digitalisierung unserer Berufe langsam hineingewachsen, aber kritisch genug aus der analogen Welt. Wir tragen weniger ideologische Scheuklappen mit Welterklärung und Verklärung als die kämpferische Generation der 68er und sind immer wieder auf dem Boden der Realität gelandet. Doch wir können uns von der heutigen Jugend an die Anfänge der Ökologie- und Friedensbewegung erinnern und wachrütteln lassen aus dem Aufschieben und Verdrängen unserer frühen Ideale aus den 1980ern. Wir erinnern uns an autofreie Sonntage und Interrail-Zeiten vor Billigflügen. Wir mussten für vieles sparen, auch verzichten, obwohl es heute vielen von uns sehr gut geht, aber nicht allen. Gleichzeitig soll uns die Generation der jungen Erwachsenen auch persönlich den Spiegel vorhalten, wie sich unsere Beziehungsformen und Patchworkfamilien auf sie ausgewirkt haben: ob wir Freiheit vermittelt oder zu wenig Orientierung gegeben haben, ob wir Verantwortung übernommen haben, wenn Träume gescheitert sind.

Wir Babyboomer haben heute Gestaltungsmacht, viele von uns sitzen an einflussreichen Posten im Beruf, in Institutionen, (Ehren-)Ämtern, Politik. Wir können etwas beitragen für eine klimaneutrale Zukunft, für mehr Experimente – wir sind sie gewohnt, wissen, wie es ist, wenn Lebensentwürfe nicht wie erwünscht aufgehen, wenn es Änderungen braucht und wir aus Krisen lernen sollen. Viele mussten sich immer wieder neu erfinden. Von den 68er-Vorbildern – Lehrer:innen, Vorgesetzte, Mentor:innen – haben wir eine selbstbestimmte Diskussionskultur gelernt, dazu realistische Anpassungsfähigkeit und Pragmatismus. Wir könnten daraus auch gesellschaftlich Fähigkeiten zur Selbstkritik, zu Solidarität und Gemeinschaftsgefühl entwickeln. Die Babyboomer könnten als starke Gruppe in der Mitte der Generationen einen «Kitt» für die Gesellschaft bilden, der hilft Gegensätzliches zusammenzuhalten und zu integrieren. Eine Mitte, die weiß, wie kostbar die Demokratie ist, wenn die Eltern noch vom Nationalsozialismus und Krieg erzählten und die sozialistischen Diktaturen bis 1989 lähmende Realität waren.

Wir Kinder des Wirtschaftsaufschwungs und eines zusammenwachsenden Europas sind lebensfroh, weitgereist und konnten lustfeindliche Traditionen überwinden. Zugleich kennen wir noch ein ethisch-moralisches Gewissen als Gesellschaft gegenüber dem nationalsozialistischen Erbe und der demokratischen Werte. Viele von uns sind sensibel für Umweltschäden, Medien- und Konsumkritik, Chancengleichheit, multikulturelle Offenheit, aber nicht blind für damit verbundene Probleme. Wir sind frei aufgewachsen oder haben uns befreit, aber wollen uns nicht länger auf Kosten der Jüngeren ungezügelt hedonistisch ausleben. Wir könnten das Älterwerden und Alter weiter reformieren, neu gestalten, aus der hohen Lebenserwartung etwas machen und uns selbst überraschen. Denn vieles was wir fürchten, hat mit Altersmodellen und Rollen der Elterngeneration zu tun. Wie werden wir es lösen? Alters-WGs, ein zweiter, später «Zivildienst»? Wir sind vielleicht weniger ideologisch, aber gut im Problemlösen, Kompromissefinden und als Teamplayer:innen in den Familien und lokalen Gemeinschaften.

Wir könnten eine starke Stimme haben und uns stark machen gegen radikalisierende, menschenfeindliche Strömungen. Denn: Ohne uns geht nichts. Wir sind bunt, vielfältig, wandlungsfähig, aufgeschlossen, haben Teilen, Verzichten, aber auch etwas Durchsetzen gelernt. Wir brauchen einander, eine große «Geschwisterschar» der starken Jahrgänge, die starke Lösungen finden müssen. Wir könnten Lebensformen, das Zusammenleben, soziale Aufgaben und die Pflege revolutionieren – weil es sonst schlichtweg nicht zu bezahlen ist. Wir haben viele Satiriker:innen in unseren Reihen und müssen auch über uns selbst lachen: das Geliebt-werden-Wollen, Allen-recht-machen-Wollen, Schaffen-bis-zum-Umfallen. Wenn der Leistungsdruck nachlässt, könnte im Alter die Geschwisterrivalität der -solidarität Platz machen. Das wäre meine Vision des Aufbruchs bis 2050: Begrenzung der Klimaerwärmung, Erhalt der Welt, eine fairere Welt, weniger wirtschaftlicher Egoismus und Ausbeutung, Postmaterialismus und Altersfürsorge untereinander.

6 Ausblick

Wie gehe ich weiter?

These: Das Zurückblicken, biografische Sortieren und Schaffen von Ordnung führt zum Aufbruch und bereitet zugleich auf das künftige dritte Alter vor.

«Freier werden» ist das Ziel psychotherapeutischer oder psychoanalytischer Arbeit, indem wir im Fluss der Gedanken und Gefühle die zugrundeliegenden Blockaden, Verdichtungen und Symptome beleuchten. Innere Konflikte und Erinnerungen bewusst machen, verstehen, wie etwas zusammenhängt und woher es kommt, sind wichtige Schritt zur Einsicht. Seelische Veränderung geschieht jedoch nicht allein im Denken, sondern erst, wenn wir damit verbundene Gefühle zulassen, im Jetzt und in der therapeutischen Beziehung «wie neu» erleben können. Erst dann gibt es ein «Aha-Erlebnis – das Denken, Fühlen und körperliche Empfinden im Austausch mit dem mitfühlenden Gegenüber ermöglicht das, was wir nur unzureichend als «heilsam», «befreiend» oder «etwas löst sich» umschreiben können. Viele solche Momente ergeben das Gefühl nachhaltiger Veränderung und psychischer Entwicklung. Manchmal wird es als «korrigierende Erfahrung» beschrieben, dass damit früher Erlebtes wie neu «überschrieben» und damit geheilt wird. Wer gute, hilfreiche Psychotherapie erfährt, spürt in vielen Lebensbereichen neue Möglichkeiten, die «Freiheitsgrade» nehmen zu, man traut sich mehr zu, fühlt sich leichter, lebendiger, spürt sich besser, und dies verändert Beziehungen, die Ausstrahlung und Wirksamkeit im Leben. Was vorher noch Angst gemacht hat, wird allmählich überwunden, die Angst kann ausgehalten und die Schwelle erhöht werden, wo sie auftritt. Hemmungen werden schwächer oder verschwinden, Gefühle werden stärker, körperliche Stresssymptome melden sich seltener oder werden als Warnsignal früher wahrgenommen. Man spürt wieder viel mehr Energie, das Leben macht wieder mehr Freude, die Frustrationsgrenze ist höher, das Selbstvertrauen nimmt mit jeder neuen positiven Erfahrung zu, man ist dankbar für die «zweite Chance», das Leben bekommt einen neuen Sinn.

Wunschdenken? Nein – das alles beschreiben Menschen, die sich in einer Phase des Stagnierens, einer Lebenskrise oder schweren psychischen Erkrankung auf den Weg der Selbsterkundung gemacht haben, weil sie merkten, dass sie es allein, ohne professionelle Hilfe nicht mehr schaffen. Im Nachhinein begreifen sie am eigenen Durchschreiten der Talsohle ihres Leidens und der Ängste, dass diese Krise sie nicht nur etwas verändert, sondern verwandelt hat und sie sich nun lebendiger und reicher fühlen. Viele sagen selbst nach der dunkelsten Zeit in ihrem Leben: «Ich möchte sie nicht missen», «Das war meine einzige Chance», «Es musste so kommen, es wäre so nicht mehr weitergegangen». Selbst ein Klinikaufenthalt als psychische «Intensivkur» kann «zum Besten» gehören, «was ich erlebt habe». Es zeigt, dass zum erfüllten Leben viel mehr gehört, als dass immer alles «rund und glatt» läuft. Im Gegenteil wagen wir die großen Veränderungen und Entwicklungsschritte erst unter größtem inneren oder äußeren Druck. Es soll Mut machen, auch in düsteren Zeiten daran zu glauben, dass es Hilfe gibt und Verbesserung möglich ist.

Um zu dieser Integration des «Ausblicks» zu gelangen, ist jedoch häufig nochmals eine Rückschau auf das vergangene Leben notwendig. Ohne die Vergangenheit verstehen wir weder unsere Gegenwart noch eröffnet sich die Zukunft. Dazu biete ich weitere Möglichkeiten an, auch ohne Begleitung, über sich nachzudenken: was wir aus der Rückschau alter Menschen auf ihr Leben lernen können, gefolgt von einem Streifzug durch verschiedene Wunsch- und Angstthemen und zum Abschluss, wie Veränderungsprozesse in Gang kommen.

6.1 Lebensrückblick

«Warum soll ich mich erinnern? Beim Schönen tut es weh, dass es nicht mehr ist, und das Unglück möchte ich vergessen», protestierte eine Frau im hohen Alter in einer Gruppentherapie beim Thema «Erinnern von Glück und Unglück». *Muss* man sich erinnern? Viele Menschen, die zum ersten Mal mit Psychotherapie in Berührung kommen, haben die Vorstellung und Bedenken, dass man «in der Vergangenheit unnötig Sachen aufwühlt», die Probleme ja aber in der Gegenwart liegen. Ich entgegne dann, dass wir in der psychoanalytischen Psychotherapie nicht zum «Selbstzweck» Vergangenes aufrollen, dass wir vieles aber nur verstehen und verändern können, wenn wir aufspüren, woher es kommt, womit Vorstellungen oder Prägungen zu tun haben. Das Seelische «schert» sich sowieso nicht um die Zeit: Im Unbewussten gibt es weder Raum noch Zeit, bleiben Erinnerungsspuren gespeichert, als wäre es heute, wirken Zukunftsfantasien zum Beispiel als Ängste ins Jetzt. Die Trennung in Gegenwart, Vergangenheit und Zukunft ist im seelischen Prozess daher eine künstliche Orientierungshilfe, die einem Bedürfnis der bewussten Vernunft entspricht.

Es ist auch auf unser Gedächtnis wenig Verlass: Der Erinnerungsprozess ist als «Konstruktion» im Zusammenhang damit zu verstehen, mit welcher inneren oder sozialen Absicht ich mich an etwas erinnern und es vielleicht erzählen will, mich also an eine:n Zuhörer:in richte. In welchem Licht will ich dastehen? Auch vor mir selbst kann ich im Dienst psychischer Schutzmechanismen etwas verklärend, verharmlosend oder dramatisierend erinnern, ich kann mir dabei leidtun, mich als Heldin fühlen oder mich schämen. Das färbt meine Auswahl, Perspektive und Haltung beim Hervorholen der Erinnerung und beim Erzählen. Warum kann es dennoch sinnvoll sein, auf das eigene Leben zurückzuschauen? Wir tun es – wenn wir den Strom unserer bewussten Gedanken und Gefühle beobachten – sowieso ständig. Jeder Sinneseindruck, jedes Erlebnis, jede Begegnung, jeder Gedankengang wird im Gehirn blitzschnell verglichen und verknüpft mit bekannten Erfahrungen oder als «neu» registriert. Wenn das Denken ungelenkt und ohne Fokus sein darf, folgt es einem Netz von spontanen Einfällen, Wissensinformationen und Sinneseindrücken, die wiederum mit Gefühlen verknüpft sind. Diesen ungerichteten Gedankenstrom zu ermöglichen, ist Ziel der «Freien Assoziation» im klassischen Setting der Psychoanalyse, in dem man auf der Couch liegt. Im unkontrollierten Folgen der Einfälle kann sich Unbewusstes leichter zeigen und das vernunftgesteuerte Auswählen erwünschter und das Blockieren unerwünschter Gedanken soll verringert werden. Dann wird sichtbarer, wo uns unbewusste Wünsche hinsteuern, wo Ängste bremsen, etwas ins Stocken gerät und fixiert ist.

Da dieser Prozess ein hohes Engagement an Zeit und Geld braucht und auch nicht für alle Problemlagen von Patient:innen geeignet ist, wurden eine Reihe von kürzeren Therapieformen aus der Psychoanalyse abgeleitet, die weniger intensiv und mehr auf begrenzte Probleme und Ziele ausgerichtet sind. Eine niederschwellige Form in der Alterspsychotherapie ist der therapeutische «Lebensrückblick» für Menschen, die noch wenig Zugang zu ihrem inneren Erleben und dem Über-sich-Reden haben. Im Vordergrund steht die persönliche Biografie mit dem Erzählen aus der Lebensgeschichte. Durch Nachfragen und Vertiefen wird das lebhafte Erinnern gefördert, man folgt freien Einfällen oder der Entwicklung über die Lebensphasen. Es zeigt sich dann bei manchen alten Menschen, dass sie frühere Übergänge und Krisen buchstäblich «übergangen» haben, vieles «geschluckt» und verdrängt haben, um weiter zu «funktionieren», weiterzurollen auf einer wie vorgespurten Bahn. Es gab noch wenig therapeutische Hilfe oder eine Scheu, sie zu suchen. So kann es sein, dass der «ungesichtete Bestand» an Erfahrungen bis ins höhere Alter mitgezogen wurde wie Hausrat, der immer wachsend wieder und wieder umgezogen und in «Stauräumen» versorgt worden ist, bis er irgendwann zu seelischem Ballast wird und sich in Symptomen zeigt. Auch dann ist es nicht zu spät, sich mit seiner Lebensgeschichte zu beschäftigen, auszusortieren und einzuordnen, wie vieles gekommen ist, aber es bleiben weniger Jahre, um Versäumtes nachzuholen. Manches bleibt unerfüllt und gilt es zu verabschieden.

Im Erinnern und Erzählen geschieht ein Hineinversetzen in das Dort-und-Damals, das sinnliche Eindrücke und Gefühle wachruft. Manche Erlebnisse, aus dem zeitlichen Abstand betrachtet, wurden vielleicht noch nie von jemand Außenstehendem so bewusst gehört, wichtig genommen und anerkannt. So bildet sich entlang der Fakten allmählich ein Geflecht an Fäden weiterer Sinneseindrücke, Bilder, Gerüche, Stimmen, Atmosphären, die mit Gefühlen verknüpft sind. Das kann schwierig und mit Widerstand verbunden sein, weil dort «etwas sitzt», aber auch ungefragt Prozesse in Gang bringen, die befreiend empfunden werden. Vor dem interessierten, mitfühlenden therapeutischen Gegenüber entfaltet sich so die frühere äußere und, weniger bewusst, auch die innere Welt. Das regt weitere spontane Erinnerungen, Träume und Gefühlsreaktionen an. So werden Zusammenhänge großer Entwicklungslinien sichtbar, die sich durch die ganze Biografie ziehen und man im Gespräch und gemeinsamen Nachdenken zu verstehen versucht. Welche Einflüsse waren stark, durch wen oder welche Umstände wurde das spätere Leben entscheidend geprägt? Gab es Vorbilder, ein Gefühl von zu Hause oder Heimat, oder wollte man nur weg? Welche einschneidenden Erfahrungen von Glück oder Unglück griffen in den Lebenslauf ein und wie konnten sie genutzt oder bewältigt werden?

Die Fähigkeit, sich zu erinnern, nimmt durch die Erfahrung zu, dass die eigene Geschichte, die vielleicht zu Beginn nicht erzählenswert, als «nichts Besonderes» schien, ernstgenommen wird. Bilder werden lebendig, beginnen wie Filme zu laufen, neue Einfälle kommen hinzu, weil sich der:die Zuhörer:in nicht nur für die Ereignisse selbst interessiert, sondern sich im Darübersprechen auch in die Haut des Kindes, des:der Jugendlichen oder jungen Erwachsenen hineinversetzt und Gefühle, Beweggründe oder verborgene Motive für spätere Entwicklungen freilegt. Er:Sie erkennt lange vergangenes Leiden – vielleicht zum allerersten Mal – an oder würdigt wertvolle Fähigkeiten, Überlebenskünste und Begleiter:innen auf dem Lebensweg. Man erkennt gemeinsam, welche Themen sich wiederholen und welche psychischen Auswirkungen, Bewältigungs- und Schutzmechanismen die Folge waren. Manche wirken bis ins Heute und erklären den Sinn von Symptomen.

Dass mit zunehmendem Vertrauen in den Prozess auch möglich ist, sich Belastendes «von der Seele zu reden», verschafft Erleichterung, Klärung und bringt eine emotionale Verarbeitung in Gang. Besonders wenn die Gefühle allgemein abgespalten, stark gedämpft oder erstarrt waren wie typisch für die Depression, kann sich das innere Erleben wieder beleben. Dies ist häufig die größte Überraschung für Menschen, die dem Erinnern skeptisch gegenübergestanden haben: dass auch positive Gefühle gefehlt haben und wieder freigesetzt werden, wenn man Schmerzliches, Ärger, Wut und Trauer zulassen kann. Die Befürchtung, die:der Therapeut:in suche nur «Fehler» oder Belastendes, wird dadurch korrigiert, dass sie auch frühere Stärken, besondere Fähigkeiten und Freuden aufspürt, hervorhebt und in Bezug zum Heute bringt. Das setzt weitere Kräfte frei: Was heute noch möglich ist und Kraft geben kann, und was früher zur Bewältigung von Schwierigkeiten geholfen hat. Damit wird neben der Beschwerlichkeit des Alters ein wichtiger Vorteil greifbar: Menschen können auf ihre reiche Lebenserfahrung zurückgreifen. Sie erleben, dass es in ihrem Leben Schätze gab, die in der Erinnerung nah hergeholt und nachempfunden werden können, wenn jemand mit ganzem Ohr zuhört. Das vergangene Glück tut als Vergangenes vielleicht weh, bekommt aber einen neuen Zusammenhang: Es leuchtet ins Jetzt, Freude oder Stolz stecken an, wenn sich Erzähler:in und Zuhörer:in berühren lassen, man kann zusammen lachen. Das alles stärkt das Selbstwertgefühl: Es war doch nicht alles «schlecht», manches hat man sehr gut hinbekommen, mit einem Quäntchen Glück, aber auch Standhaftigkeit im Unglück. Schließlich ist man so alt geworden.

Daraus entstehen weitere Gefühle des Verarbeitens im Jetzt: Dankbarkeit über das Gute, Trauer über das Unmögliche, Verlorene, und das Spüren, dass sich ein bewussteres oder neues Verständnis zusammenfügt, worauf man sich gründet, in welchen Traditionen man steht oder wovon man sich abgestoßen hat, wo Interesse und Neugier geweckt werden können und was Sicherheit und Hoffnung gibt. All dies trägt zum Verständnis bei, wie man an den heutigen Standort gelangt ist und was heute noch wichtig ist. Wenn die Lebenssituation im Heute für mich verstehbar, handhabbar und sinnvoll wird, entsteht ein Gefühl des guten inneren Zusammenhangs – in der Psychologie das «Kohärenzgefühl» –, das einen wesentlichen Bestandteil der gesundheitsfördernden Kräfte bildet, der «Salutogenese». Emotionen können wieder aufleben, die Menschen in der Krise als Zeichen der Lebendigkeit vermisst haben, die sie für das Meistern des Alters aber dringend benötigen. Kann die Lebensqualität im Heute verbessert werden, steigt auch die Zuversicht, der Zukunft mutiger begegnen zu können. Auch das Friedenschließen mit der eigenen Lebensgeschichte, Schwieriges in den Lebenszusammenhang einordnen zu können und eine Haltung zum Lebensende zu finden, werden durch einen bewussten Lebensrückblick unterstützt.

Was können jüngere Generationen daraus abschauen? Forscher:innen haben die Notwendigkeit für eine Psychotherapie im Alter als mögliches Zeichen eines versäumten Lebensrückblicks in früheren Jahren bezeichnet (Lohmann & Heuft, 1995). Positive Erfahrungen mit der klärenden und befreienden Wirkung eines bewussten Lebensrückblicks und Bilanzziehens im Alter schärfen den Blick, diese Gesichtspunkte in der Psychotherapie in der zweiten Lebenshälfte früher zu beachten. Tatsächlich finden sich in vielen Therapien ab der Lebensmitte Wünsche nach einer Standortbestimmung und Zwischenbilanz, wozu auch der Rückblick gehört. Tiefergreifende Veränderungsprozesse führen dazu, dass statt des gewohnten Trotts etwas Neues in Gang kommt und Weichen anders gestellt werden. Der Lebensrückblick entbehrt möglicherweise etwas von der Dringlichkeit, die durch das höhere Alter und die nahende Gewissheit des Sterbens entsteht, dennoch erzeugt das Gefühl von «Torschlusspanik» auch in der Lebensmitte ein akutes Drängen und innerpsychischen Druck, nicht weiterhin «das Leben zu verpassen». Dies kann zu überstürzten Entscheidungen führen, die nicht immer der späteren Bewertung standhalten. Es lohnt sich daher, in einer Umbruchsituation das Tempo zu verlangsamen und das Pendeln zwischen Rückblick und Ausblick in Zeitlupentempo und über eine längere Zeitspanne hinweg zu verfolgen. Die zweiseitige Blickrichtung – auf die zurückgelegte Wegstrecke, um zu verstehen, wo ich herkomme, aber auch in die Zukunft, um herauszufinden, wohin es mich jetzt zieht – ist notwendig, um in der Gegenwart wieder ein Gefühl von Orientierung, Sicherheit und Angekommensein aufzubauen.

6.2 Wünsche und Ängste

Hierfür möchte ich auf einer allgemeineren Ebene als bisher weitere Themen einflechten. Sie beruhen auf universellen seelischen Motiven, begleiten uns und treiben uns ein Leben lang um. Sie haben, wie das Seelische allgemein, wiederum mit einer Spannung aus Wunsch und Angst zu tun, Gegensatzpaare in unterschiedlichster Gestalt. Sie geben Anreiz, sich weitere Fragen zu stellen und sich für bessere Lösungen dieser Spannungs- oder Konfliktfelder einzusetzen.

Wünschen nachjagen oder gejagt sein von Ängsten? Wir sind ein Leben lang sowohl von mächtigen Wünschen als auch von Ängsten angetrieben. Manche sind uns ganz bewusst, andere wirken unbewusst, bis wir uns damit näher befassen. Die Fähigkeit zu wünschen bedeutet, sich Vorstellungen von inneren Zuständen machen zu können, die momentan nicht real vorhanden sind. Sie beginnt mit dem Selbsterhaltungstrieb des Säuglings als Hungergefühl und der Bedürfnisbefriedigung durch die Bezugsperson. Diese Abfolge prägt sich als Erinnerungsspur ein und weckt beim nächsten Mal den Wunsch nach Wunscherfüllung (Schmidt-Hellerau, 2000; Freud, 1900a). Basierend auf Freuds Theorie seelischer Triebe als Ursprung unserer Wünsche begleiten den Menschen ein Leben lang Wünsche nach Selbsterhaltung, Liebe, Sexualität und aggressiver Selbstbehauptung und Machtausübung, die wir in der Realität ausleben und zähmen lernen müssen. Sie sind die Triebkräfte unseres psychischen Innenlebens, unserer Gefühle und Lebendigkeit. Dem entgegen stehen ebenso mächtige, tief verwurzelte Ängste.

Nachfolgend wird eine Reihe von zentralen Wunsch- und Angstszenarien vorgestellt, die unser inneres und äußeres Leben, angefangen von der kindlichen Entwicklung, durch das Leben begleiten und in uns wirksam bleiben. Den allgemeinen, hier zusammengefassten Formulierungen von Brigitte Boothe (2011, S. 134ff., nachfolgend *kursiv* gedruckt) stelle ich jeweils in Ichform gegenüber, wie wir die Thematik der neun Wünsche und Ängste vor dem Hintergrund der Lebensmitte erleben, hinterfragen und ausgestalten können. Jeder Mensch hat Themen, die stärker zutreffen und im Vordergrund stehen oder sich in bestimmten Lebensphasen als besonders wichtige Aufgaben stellen.

1. Verbundenheit und Sicherheit: Heimat oder heile Welt

Der Wunsch nach einem Zustand des Urvertrauens in einer freundlichen, sicher schützenden Welt der Verwöhnung und des Paradieses, in der ich volle Anerkennung genieße.

Ich gestehe mir ein, dass ich mich manchmal zurückwünsche und dieses Gefühl noch immer suche. Ich wünsche mir, wie im Mutterleib rundum eingebettet und versorgt zu werden oder wie als Baby im Arm liebevoll gehalten zu sein, gesättigt, friedlich, sicher und umsorgt. Es gibt nichts Störendes und nichts Trennendes, ich bin mit der liebenden Bezugsperson eins und sie schenkt mir ihre volle Aufmerksamkeit, das ist meine Welt. In seiner Vollkommenheit und Unwiederbringlichkeit muss ich diesen Wunsch aufgeben, aber ich erkenne ihn als einen zutiefst menschlichen an, der nie ganz erfüllt werden kann. Ich suche jedoch in meiner Erinnerung nach Erlebnissen und Zeiten, in denen ich bei Menschen oder an Orten das Gefühl der Geborgenheit, des Daheimseins oder Heimkommens erfahren konnte. Dies sind kostbare innere Schätze, die den Boden bilden, auf dem ich stehe. In Zeiten mangelnder Sicherheit kann ich mir einen inneren sicheren Ort fantasieren, an dem ich ruhiger werde. Ich mache mir auch bewusst, ob ich anderen dieses Gefühl weitergeben konnte oder das in Zukunft könnte.

Die Angst besteht davor, dass ich von einer bedrohlichen, ungeschützten Welt umgeben bin und mich hilflos, wehrlos und ausgesetzt fühle. Das Grundgefühl ist das des Urmisstrauens, des Mangels am Notwendigsten, des mangelnden Schutzes, der Kälte, Dürre, Dunkelheit und einsamen Leere.

Ich gestehe mir die Dramatik ein, wenn ich solche Erfahrungen machen musste. Ich trauere um das, was ich am tiefsten vermisst habe, und lasse Wut, Hass und Groll zu. Wenn es mir gelingt, in diesen Gefühlen nicht steckenzubleiben, frage ich mich, warum andere so geworden sind, dass sie unaufmerksam, abweisend, bedrohlich oder gewalttätig waren und mich nicht mit dem Notwendigsten versorgen konnten. Wenn ich den Mut habe, die schwierigen Erfahrungen in einer Therapie zu verarbeiten, wird im Lauf der Zeit eine versöhnlichere Haltung möglich und die Belastung wird geringer. Wenn ich selbst wenig die Erfahrung von Sicherheit und Schutz machen konnte, nehme ich die besondere

Herausforderung an, anderen, zum Beispiel Kindern, einen sicheren Ort und Geborgenheit zu ermöglichen.

2. Ewige Kindlichkeit und ewige Elterlichkeit:
Auf ewig ein Kind sein, auf ewig ein Kind haben

Der Wunsch, für immer ein Kind zu sein, das rundum versorgt, gepflegt und anerkannt wird, im Zentrum der Aufmerksamkeit steht und Verheißungsvolles verspricht. Oder der Wunsch, als Eltern dem Kind Fülle und Glück zu schenken und für immer unersetzlich zu sein.

Ich mache mir klar, wann mir diese Wünsche erfüllt wurden oder ob ich noch immer auf ein bedingungsloses Geliebtwerden und Versorgtsein warte, damit etwas wiedergutgemacht werden soll, was mir zuzustehen scheint. Diese passive Erwartung an die Liebe kann Partner:innen überfordern und mich dabei behindern, mich selbst mehr anzunehmen und liebevoll zu versorgen. Oder sie kann dazu führen, dass ich einen Ersatz in Suchtmitteln suche, die mich in einen selbstvergessenen, gedämpften Zustand wegbeamen sollen, die Probleme aber bleiben. Als Mutter oder Vater kann ich mich am Glück freuen, dass ich das Lieben und Umsorgen weitergeben kann. Ich achte auch darauf, ob das Kind zum Garanten für mein Glück wird, das mich befriedigen soll und mich nicht verlassen darf. Wenn ich kein Kind habe, trauere ich um das, was mir fehlt, kann mich zugleich aber mit anderen Aufgaben ausgefüllt fühlen und etwas weitergeben.

Die Angst besteht darin, von den Eltern oder anderen Bezugspersonen missachtet, nicht geliebt und nicht angenommen zu werden, sodass ich mich unbeachtet, unterversorgt, allein und ausgestoßen fühle. Als Eltern besteht die Angst darin, meinem Kind nicht ausreichend Liebe, Beachtung und Wärme schenken zu können und als Eltern nicht zu genügen.

Ich versuche zu unterscheiden, bei wem ich mich als Kind so gefühlt habe und ob ich es heute auch auf andere Menschen übertrage, die es besser mit mir meinen. Ich lasse den Schmerz des zu wenig Geliebtseins an mich heran und bleibe nicht bei Vorwürfen stehen. Vielleicht gelingt es mir, die eigene Geschichte der Eltern besser zu verstehen. Ich versuche heute, Hilfe und Unterstützung anzunehmen, auch wenn es mir fremd ist, weil ich gewohnt bin, alles allein schaffen zu müssen. Als Eltern setze ich mich mit meiner Verantwortung und meinen Schuldgefühlen auseinander und erkenne meinen Einsatz an.

3. Das steuernde Objekt[4]: Macht oder Regie und Kontrolle

Der Wunsch besteht darin, mich der Anleitung, Hilfe und Führung mächtiger anderer anvertrauen zu können, mich unterzuordnen, aber auch vor Gefahr beschützt zu werden. Oder ich wünsche mir, Kontrolle über meinen Körper und Autonomie zu gewinnen oder die Führung von anderen zu übernehmen, Macht oder Kontrolle auszuüben und mich dabei stark zu fühlen.

Welche Rolle bevorzuge ich in sozialen Beziehungen und in der Arbeit – die aktiv-bestimmende oder die passiv-untergeordnete? Fühle ich mich wohl dabei oder besteht ein Ungleichgewicht, mit dem ich mir selbst schade, weil ich mich entweder ausnutzen und über mich verfügen lasse bis an den Rand der Erschöpfung oder weil ich durch mein Kontrollbedürfnis unbeliebt und einsam geworden bin? Kann ich mit meinem:meiner Partner:in in ein Gleichgewicht kommen oder funktioniert es nur, wenn sich eine:r immer anpasst? Warum dulde ich es? Kann ich mit Freude die Künste der Körperbeherrschung in Sport, Musik oder Spiel genießen oder versuche ich, mir mit immer neuen Höchstleistungen oder Diäten zu beweisen, dass mein Körper keinen Veränderungen des Älterwerdens ausgesetzt ist?

Ich habe Angst davor, willkürlicher Macht und Kontrolle ausgesetzt zu sein und mich ohnmächtig und wehrlos zu fühlen. Andere können über mich verfügen, ich verliere meine Selbstbestimmung und Selbstständigkeit. Oder ich verliere die Kontrolle über meinen Körper und meine Fähigkeiten.

4 Objekt meint hier der:die «Andere», im Gegensatz zum Subjekt, dem Ich.

Ich versuche, mich mit unendlichen Anstrengungen und Fortbildungen gegen drohende Kritik und Kontrolle unangreifbar zu machen. Oder aus Angst vor den mächtigen anderen, vor Stellenverlust oder noch mehr Kontrolle lasse ich zu, dass andere mich dominieren, ausbeuten oder mobben. Vor lauter Angst nehme ich jede Kritik an, werde immer mutloser und traue mir nichts mehr zu. Habe ich nicht etwas Besseres verdient, warum lasse ich mich von meiner Angst beherrschen und mir alles gefallen? Wenn ich durch Krankheit oder Behinderung Kontrolle über Fähigkeiten und Körperbeherrschung vorübergehend oder für immer verliere, frage ich mich, welche Bedeutung diese Fähigkeiten für mich ganz persönlich haben, welche Stütze sie für mein Selbstwertgefühl übernommen haben. Dann kann ich besser verstehen, wovon ich mich verabschieden muss oder wie ich Alternativen entwickeln kann.

4. Das loyale Alter Ego: Loyalität oder Freundschaft

Der Wunsch nach einem loyalen Begleiter, «der nichts fordert, für mich da ist und dem ich blind vertrauen kann» (ebd., S. 144). Mit ihm kann ich mich messen, stark fühlen und genieße gegenseitige Anerkennung.

Ich lasse meine Wegbegleiter:innen und Freundschaften Revue passieren: Wer ist mit mir «durch dick und dünn» gegangen oder würde es heute tun? Wem konnte ich diese treue Freundschaft schenken? Bin ich für andere so da, wenn sie mich brauchen, wie ich es mir auch wünschte, oder nehme ich mir nie genug Zeit dafür und schiebe es auf? Sind meine Freundschaften ausgewogen im Geben und Nehmen? Wann bin ich zum letzten Mal auf jemanden zugegangen, der:die sich nicht melden kann, wenn er:sie Hilfe bräuchte? Wie tief darf Freundschaft gehen – worüber kann ich mit niemandem reden und warum? Wem zeige ich mich auch mit Traurigkeit und Misserfolgen oder muss ich immer stark sein und darf niemanden brauchen? Drücke ich aus, was mir die Freundschaft bedeutet? Bin ich nachtragend, wenn sich jemand zurückgezogen hat? Partnerschaften können auseinandergehen, welche Freundschaften bleiben?

Die Angst besteht im Verrat und in der Verweigerung der Solidarität. Freundschaft und Unterstützung wird aufgekündigt oder hintergangen, das Vertrauen geht verloren. Oder ich bleibe allein auf der Suche nach treuen Freundinnen.

Die Angst vor Einsamkeit und sozialer Isolation begleitet mich ein Leben lang. Verratene Freundschaft schmerzt, weil ich mich in dem:der Anderen getäuscht habe. Kann ich die Enttäuschung wieder überwinden oder schließe ich nun von einem Menschen auf andere? Was tue ich dafür, um mir neue Gefährt:innen und Gleichgesinnte zu suchen? Warum habe ich den Eindruck «Niemand mag mich» – mag ich mich denn selbst? Welche Angst hindert mich, mich Gruppen oder Interessenskolleg:innen anzuschließen, sodass ich auch Orte finde, wo ich dazugehöre? Erwarte ich, andere müssten auf mich zugehen? Erwarte ich, nicht verstanden, verletzt zu werden, bin generell misstrauisch geworden? Wenn ich keinen Anschluss finde, hat es auch etwas mit mir zu tun, das mich verunsichert, oder ich schaffe mir ungünstige Bedingungen.

5. Phallische Integrität: Profilierung oder Anerkennung

Ich wünsche mir, meine Fähigkeiten vorzuzeigen, Eindruck zu machen und mich zu beweisen, und wünsche mir dafür Aufmerksamkeit, Anerkennung und Applaus durch ein Publikum. Selbstdarstellendes Zeigen der Attraktivität und des Könnens und beeindrucktes Zuschauen und Bewundern wird so für beide Seiten zum Genuss.

Eine der großen Befriedigungen des mittleren Lebensalters besteht darin, dass ich mir Kompetenzen, Erfahrung und das Selbstvertrauen erarbeitet habe, dass ich nicht mehr neu auf einem Gebiet bin und mir etwas aufgebaut habe. Ich fühle mich «voll im Saft», kann das Gelernte gekonnt anwenden und möchte auch eine Plattform bekommen, dies zu zeigen. Hoher Einsatz bei fehlender Wertschätzung ist hingegen ein Risikofaktor für eine

Burnout-Entwicklung. Habe ich genügend Möglichkeiten, meine Fähigkeiten einzusetzen und sichtbar zu machen? Kann ich mir auch außerhalb der Arbeit Gelegenheiten schaffen, die mich befriedigen, oder ziehe ich mich gekränkt zurück und fühle mich lieber übergangen und unbeachtet? Fühle ich mich abhängig vom Erfolghaben, von Selbstdarstellung und Bewunderung? Oder neige ich dazu, mich immer zurückzunehmen, mich kleiner zu machen, um andere zu verehren und aufs Podest zu stellen, ohne mein Potenzial zu nutzen? Wie «potent» im weitesten Sinn fühle ich mich, unabhängig vom kalendarischen Alter, und was tue ich, um meine Möglichkeiten noch zu erweitern?

Die schlimmste Befürchtung ist, «kraftlos, lustlos und unattraktiv zu sein» (ebd., S. 150), dass meine Kräfte und Fähigkeiten vor Publikum versagen, ich «mit abgesägten Hosen» und beschämt dastehe oder von harter Kritik entwertet werde. Ich fürchte die Erfahrung, es «nicht mehr so zu bringen», dass meine Attraktivität, Potenz und Kraft schwindet, jeder es bemerkt und ich mich entblößt fühle.

Die Angst zu versagen trifft ein tiefes, unangenehmes Gefühl des eigenen Mangels, die Scham. Sie entspringt inneren oder äußeren (und oft nur vorgestellten) strengen Bewertungen und dem Gefühl, den Erwartungen nicht zu genügen. Ich erlebe mich dabei in einer kindlichen Position als kleiner und unzureichend ausgestattet im Vergleich zu großen, mächtigen Elternfiguren. Die Angst zu versagen und die Scham stehen psychisch in Zusammenhang mit der Angst vor Strafe und Zurücksetzung, wenn ich im Kindergartenalter die Mutter oder den Vater für mich allein haben und heiraten wollte, aber noch nicht das Potenzial hatte, ihre oder seine Wünsche zu erfüllen. Nach der Lebensmitte frage ich mich, was in mir die Maßstäbe so hoch setzt, dass ich sie nicht erreichen kann. Niederlagen und das Erleben von Misserfolg zeigen mir aber auch momentane Grenzen auf und wo ich noch dazulernen kann. Ein sportlicher Siegertyp steht wieder auf, analysiert die Fehler und trainiert weiter. Der ängstliche Typ bezieht Kritik auf seine gesamte Person und nimmt damit die Rolle des «kompletten Versagens» an. Kann ich die Unterscheidung von Kritik an einer Sache und der Integrität meiner Person lernen? Will ich die Angst, mich zu zeigen, überwinden? Oder habe ich mich bereits zur Ruhe gesetzt, um dem Bewertetwerden auszuweichen? Mehr Selbstvertrauen entsteht nur, wenn ich mir selbst durch mein Tun die Chance gebe, wiederholte ermutigende Erfahrungen zu machen.

6. Selbstgenügsamkeit: «Splendid isolation» oder Einsamkeit

Ich wünsche mir, über all das zu verfügen, was ich brauche, mit mir und der Welt zufrieden zu sein und mir einen eigenen Bereich zu schaffen, in dem ich mich sicher und geborgen fühle, aber in Verbindung zu einer schützenden Welt bleibe.

Kann ich mit mir selbst allein sein? Habe ich einen Rückzugsort, eine Ecke, persönliche Nische an Interessen oder Zeit, die nur mir gehört? Bedrängt von Ansprüchen der Familie, Partnerschaft und Arbeit ist dies ein Wunsch, der in den mittleren Jahren oft zu kurz kommt oder zurückgestellt wird. Wann hole ich ihn wieder hervor? Kann ich mir kleine Kraftquellen immer bewahren, aus denen ich wieder voller schöpfen kann, wenn ich weniger gebraucht werde? Singles hingegen haben oft mehr Zeit allein, als sie möchten, aber gelingt es, sie zu produktivem, kreativem, genussvollem Leben mit und aus sich selbst heraus zu nutzen? Die Fähigkeit, allein zu sein, nicht für alles von anderen abhängig zu sein, sondern auf eigenen Beinen gut und gern zu stehen, macht stärker gegenüber Veränderungen im Leben. Wenn ich es mit mir selbst gut aushalte, bleibt etwas bestehen, wenn ich mich auf neue Umstände einstellen muss.

Das Schreckensszenario ist, keinen inneren Raum zur Verfügung zu haben, weil er nicht respektiert oder angegriffen wird. Ich habe Angst, der totalen Kontrolle mächtiger anderer ausgeliefert zu sein, die mein Leben bestimmen und alles durchschauen. Dadurch fühle ich mich in meiner Integrität ausgeschaltet und einsam.

Die Beschreibung wirkt wie von einem:einer Gefangenen oder

Verfolgten einer Diktatur formuliert, wo Individualität vorsätzlich ausgelöscht werden soll. Wir können wie Gefangene eines extrem strengen, verfolgenden Gewissens sein, das uns unablässig mit Forderungen und Vorwürfen drangsaliert. Es sitzt uns im Nacken und gibt uns das Gefühl «Es ist nie genug», «Ich genüge nicht». Kann ich mich dem Gewissensdruck entgegenstellen? Diese Angst begegnet uns aber auch in Arbeitsverhältnissen oder Beziehungen, die auf einem starken Abhängigkeitsgefälle beruhen. Dann geht es um ein Gefüge von Dominanz und Unterwerfung, von eifersüchtiger Kontrolle und Eingeengtsein, Anpassungsdruck und Anpassung. Kenne ich diese Positionen als Verstrickungen, aus denen ich mich schwer lösen kann? Habe ich mich mein Leben lang angepasst und untergeordnet, weil ich noch nie einen eigenen inneren Raum gehabt habe? Kenne ich überhaupt meine Bedürfnisse? Diese Thematik kann auch erst nach langen Ehejahren, wenn die Kinder erwachsen sind, ins Bewusstsein kommen und den Wunsch nach Loslösung und Befreiung wecken.

7. Männlicher oder weiblicher ödipaler Triumph: Liebe oder Privilegierung oder Intimisierung

Ich habe den Wunsch, mich mit meinem Werben beim begehrten Liebesobjekt gegen Konkurrent:innen durchzusetzen und als exklusive:r Liebespartner:in privilegiert gewählt zu werden. Ich werde in meiner weiblichen oder männlichen Attraktivität anerkannt, begehrt und erfahre das Glück der Liebe.

Der Wunsch, der:die Auserwählte zu sein und auf Gegenliebe zu stoßen, ist bereits beim Kind in der «ödipalen Phase» (siehe Kap. 3.2) mächtig, das um Mutter oder Vater wirbt und mit der Enttäuschung, in diesem Werben nicht zu genügen, fertigwerden muss. Da beide Eltern die Wünsche letztlich nicht erfüllen können, kommt es in der Fantasie des Kindes in einem Wutanfall zum gewaltsamen Kastrieren, Ermorden und zu Verrat (Le Soldat, 2015). Damit diese schlimmste Tat nie entdeckt werden soll, werden von nun an im Psychischen große Bemühungen um Vertuschung, Verdrängung und Verleugnung ausgelöst. Nichts soll daran erinnern, auch nicht an die enorme panische Angst, dafür bestraft und verfolgt zu werden, sobald man sich wieder einem Liebesobjekt nähert. Man fürchtet in der sogenannten «Kastrationsangst» die Vergeltung «Gleiches mit Gleichem» (vgl. Kap. 3.2). Ein Ausweg, der die Angst mildert, ist die Unterordnung unter das Gewissen als Instanz der von den Eltern übernommenen Regeln und Werte, das sich in der Folge bildet. Man fühlt sich aber weniger lebendig, weil man sich vom eigenen Begehren entfernt. Abhängig davon, wie wir diese komplexen ersten Liebeswünsche und die Enttäuschung verarbeitet haben, gelingt es uns als Erwachsene leichter oder schwerer, uns der Liebe mutig und selbstbewusst zuzuwenden, den Mann oder die Frau zu bekommen, den:die wir wollen und Erfüllung in der Liebe zu finden. Das Liebesleben bleibt zeitlebens im Seelischen die größte Herausforderung, weil auf der inneren Bühne Teile des alten Dramas in das ohnehin schon nicht leichte reale Beziehungsleben hineinfunken können. Nicht alle Menschen erleben erfüllte Liebesbeziehungen, sie bleiben auf der Suche oder verzichten irgendwann auf diesen Wunsch. Manchen gelingt es, unabhängig vom Beziehungsstatus, das eigene Gefühl für Attraktivität und Sinnlichkeit durch die Lebensalter hindurch zu entfalten und es spielerisch einzusetzen.

Die größte Angst ist, mit meinem erotischen Werben abgewiesen und mit Hohn oder Zurücksetzung bestraft zu werden. Ich fühle mich meiner Potenz beraubt oder in meiner körperlichen Ausstattung ungenügend und beschämt. Die Träume vom exklusiven Paar sind geplatzt.

Enttäuschte Liebe, Zurückweisung, Ausgespanntwerden, Verlassenwerden und andere Gründe für Liebeskummer greifen das Selbstwertgefühl massiv an. Was hat der:die Andere, das ich nicht habe? Warum ist trotz allen Engagements und aller Liebesmühe keine fruchtbare Beziehung mehr möglich? Haben wir einander aus Enttäuschung mit offener oder verdeckter Wut «erledigt»? Selbst wenn wir einvernehmlich zu einer Trennung kommen, fühlen wir uns abgeschnitten, bleiben «halb» zurück, der Traum von der «besseren Hälfte» ist Geschichte. Die Verletzung ist so groß wie die Liebe war, über manche Trennungen kommt man lange nicht hinweg. Was war Liebe, was Selbsttäuschung, Sicherheit und Gewohnheit? Habe ich den:die Andere:n zu sehr für etwas gebraucht – um mich bestätigt zu fühlen, nicht allein zu sein oder für die Anerkennung als Paar? Worauf werde ich besonders zurückgeworfen: Dass ich mich voller Schwächen fühle, als Versager:in, als Betrogene:r, als Egoist:in, ausgenutzt, zu alt, zu wenig anziehend, als wäre nun alles vorbei mit der Liebe? Diese Schattierungen mit Torschlusspanik oder dem Gefühl «Es ist alles vorbei» können nach der Lebensmitte als Ängste aufflammen. Bleibe ich darin frustriert stehen und ziehe mich enttäuscht zurück oder lerne ich etwas aus dieser Beziehungserfahrung und kann den Liebeswunsch wieder neu aufbauen?

8. Anerkennung durch die Gewissensinstanz: Moral oder moralisches Glück

Ich wünsche mir, mich in meinem Denken, Fühlen und Handeln in Einklang mit meinem Gewissen zu fühlen und mein Leben nach meinen eigenen moralischen Vorstellungen integer gestalten zu können.

Ich kann mich kritisch mit meinem Gewissen auseinandersetzen und mich für ethische Ziele und Werte engagieren, die mir persönlich wichtig sind. Ich erlebe Befriedigung, mich einer guten Sache oder benachteiligten Menschen zu widmen, und erhalte die Anerkennung meines Gewissens. Verbergen sich hinter meinem Altruismus aber auch noch andere Motive? Meine ich, ich sollte etwas wiedergutmachen oder müsste mir moralische Anerkennung von anderen verdienen, weil ich annehme, sonst nicht zu genügen? Halte ich mit dem Gutsein zerstörerische Kräfte in Schach? Bin ich immer für andere engagiert, am Helfen und Pflegen bis zur totalen Erschöpfung? Dann verbietet mir mein Gewissen vielleicht, dass es mir selbst gut geht, wertet eigene Bedürfnisse als «egoistisch» ab. Verhalte ich mich missionarisch und vernachlässige ich darüber Mitmenschlichkeit? Wie viel Toleranz bringe ich auf, wenn meine Werte nicht geteilt werden?

Ich fürchte, von meinem strengen Gewissen für Gedanken, Worte oder Handlungen verfolgt und verurteilt zu werden. Ich fürchte, mich gegen die Angriffe nicht wehren zu können, ordne mich leidend in Selbstverurteilung und -bestrafung unter.

Ich muss mich mit sehr strengen und unerbittlichen Urteilen meines Gewissens herumschlagen, die in der Erziehung und in kindlichen Fantasien wurzeln, die ich aber auch unhinterfragt weiterverfolgt oder selbst noch verschärft habe. Kann ich die Kommentare als Stimmen eines inneren Gerichts hörbar machen und mich kritisch damit auseinandersetzen? Was fürchte ich, wenn ein Teil in mir anderer Meinung ist? Halte ich am Gewissensverfolger und inneren Kritiker fest, oder kann sich der Verteidiger durchsetzen und mir inneren Spielraum verschaffen? Unterordnung beruhigt meinen strengen Richter kurzfristig, aber ich nütze dann meine Kraft, mich zu wehren und freier zu werden nicht und fühle mich moralisch tatsächlich schlecht, schwer oder depressiv. Wenn ich mich vom Gewissensdruck etwas befreien kann, übernehme ich im Rückblick auf mein bisheriges Leben Verantwortung für Handlungen oder Unterlassungen, die ich heute als nicht richtig ansehe und bereue. Ich stehe zu Fehlern, Aggressionen und meiner Verantwortung, anerkenne aber aus einer versöhnlichen Haltung mit mir selbst die Gründe: «Ich habe es nicht besser gewusst» oder «Ich habe damals versucht, das Beste zu machen». Heute will ich daraus lernen, statt in Selbstanklagen steckenzubleiben.

9. Generativität: Fruchtbarkeit oder Hingabe oder Wachsen und Gedeihen

Ich habe den großen Wunsch, etwas Neues entstehen und wachsen zu lassen, ich möchte mich fruchtbaren und schöpferischen Kräften überlassen und bin neugierig auf Entwicklungen, die über bisherige Möglichkeiten oder mich als Person hinausgehen.

Der Wunsch, ein Kind oder eigene Ideen «in die Welt zu setzen», ist verbunden mit dem Wunsch, in größere Bewegungen des Lebens eingebettet zu sein und etwas Bleibendes hinzuzufügen, das dem eigenen Leben Sinn über den Augenblick hinaus gibt. Die Vergänglichkeit ist im Blick, wird aber produktiv genutzt: Ich will etwas schaffen und mitgestalten in diesem Leben. Ich werde bewusste:r Akteur:in und lasse das Leben nicht passiv an mir vorüberziehen. Ich bringe mich ein und versuche, etwas weiterzugeben. Der Weg und die Aufgabe, die ich wähle, kann ein familiärer, künstlerischer, sozial engagierter, geistiger oder vielfältiger Weg sein. Weiterentwicklung, Reifung und bewusste Reflexion des Lebens sind mir wichtig. Das erlebe ich als sinnstiftend und es hilft mir, Schwierigkeiten in einen größeren Lebenszusammenhang einzuordnen.

Die größte Angst ist, zu stagnieren, mich unfruchtbar und ausgebrannt zu fühlen und mich völlig aufzugeben. Was triebhaftes Vergnügen bereitete, wirkt nur noch öde und leer, als ob in mir alles verfällt, Beziehungen vertrocknen und ich in ihnen.

Die Angst vor einem inneren Zustand des Ausgebranntseins, Verlust jeglicher Freude, Interessen und Energie sowie dem Absterben und Versteinern der Gefühle beschreibt, wenn es lange und intensiv andauert, das Beschwerdebild von Burnout und Depression. In vorübergehenden Stimmungslagen kann diese Angst ein wichtiges Alarmsignal darstellen, dass etwas nicht mehr im Lot ist, ich im Einsatz meiner Kräfte dauerhaft über meine Verhältnisse lebe und in Gefahr bin, meine Produktivität und Freude zu verlieren. Dann wäre die Angst eine wichtige Ratgeberin zur «Inventur» meines Kräftehaushalts, zu mehr Sorge für mich und Umkehr. Die Gründe für Depression reichen von äußeren Belastungen und selbstausbeuterischem Sich-in-Aktivität-Erschöpfen bis zum Zusammenbruch innerer Hoffnung angesichts von übermächtigen Schuldgefühlen. Wer schon mittendrin ist im depressiven Sog und die Lust am Leben verliert, findet häufig nicht mehr allein heraus und braucht professionelle Hilfe. Warten und Zögern kann dazu beitragen, dass man noch tiefer hineinrutscht in einen schwereren depressiven Sumpf und entsprechend länger braucht, um sich wieder herauszuarbeiten. Frühe Burnout-Anzeichen ernst zu nehmen, kann hingegen die Entwicklung einer depressiven Erschöpfung verhindern, das Ruder kann noch herumgerissen werden, bevor die Batterien der Lebensenergie völlig leer sind. Als vorübergehende Phase können Aushalten und Durchstehen von Stagnation, Leere und Rückgang positiver Gefühle, aber auch als «innerer Winter» einen Rückzug auf sich selbst und die Vorbereitung von neuem Wachstum bedeuten. Auch ein blockierter Trauerprozess kann in die Nähe von depressiver Stagnation führen. Eine Zeit der inneren Leere, Wüste oder Dürre kann jedoch zur Konzentration auf das Wesentliche und intensiven Beschäftigung mit der Frage nach dem Lebenssinn führen, die wesentlich zu einer Wendezeit gehört. In künstlerischen oder spirituellen Reifungsprozessen kann sie unumgänglich sein für eine Bündelung und einen neuen Durchbruch der kreativen Kräfte.

6.3 Coda

6.3.1 Zurück zur Mitte

Der Ausgangspunkt der inneren Reise war das «Mittendrin». Mitten im Leben, in oder nach der Lebensmitte, im Getümmel vieler Fragen, Anforderungen und Spannungen, inmitten einer großen Zahl an Gleichaltrigen. Über die zurückliegenden Kapitel hinweg wurden diese Themen und Konflikte entwickelt, ausgearbeitet und Pfade der Selbstreflexion vorgeschlagen. Hat sich Ihr Blickwinkel als Leserin oder Leser geweitet und die Gefühlslage verändert? Oder sind noch mehr Fragen offen als vorher?

Ich hoffe, dass das Buch etwas angestoßen hat – Fragen oder

Aussagen, die nicht mehr loslassen, die nun von einer persönlichen, inneren Suche weiter angetrieben werden. Die Rolle der Psychotherapeutin ist nicht nur die, die immer zuhört, alles aufnimmt, annimmt und versteht, die ermutigt und manchmal beruhigt. Sie ist das und noch viel mehr: Sie ist auch die, die unbequeme Fragen stellt, nachbohrt, nicht lockerlässt, zu bequemes inneres Absichern hinterfragt, wenn es das Lebendige unterläuft und einschränkt, wenn ein Mensch weit unter seinen Möglichkeiten bleibt. Es gilt, wieder eine Verbindung zu den eigenen innersten Strömungen von lustvollen, liebevollen, zupackenden und befriedigenden Gefühlen freizulegen oder zu verstärken. Dann fühlt man sich lebendig, «bei sich», im eigenen Zentrum, im Lot, kraftvoll und zufrieden. Dieses Erleben «Ich-mit-mir-verbunden» strahlt nach außen, weckt neue Ideen und Impulse, die unser Handeln tragen und mit Inspiration beleben. Es wirkt sich auch auf andere Menschen und unsere Beziehungen belebend aus.

Wenn man eine Phase der Krise, mit inneren und äußeren Widerständen, Ängsten, Schmerzen und Verzichten durchleben und durcharbeiten kann bis zum Stadium, in dem sich Knoten lösen, verletzte Gefühle schwächer werden, Verlustgefühle abklingen – dann vollzieht sich etwas im Menschen, erst in kleinen Erfahrungen, dann in einem wachsenden Sog an «Neuem», Unbekanntem. Ein leichteres Gefühl, das vorher noch nie so da war. Eine umfassendere Sicht auf etwas Schmerzhaftes. Eine neue Idee oder gar Vision. «So habe ich das noch gar nie gesehen», «Ich hätte nie gedacht, dass ich das einmal kann, dass ich diesen Mut hätte».

Das Neue, das möglich wird, ist unbeschreiblich, unerklärlich, aber das Ziel, auf das wir hinarbeiten. Wenn die Selbstheilungskräfte des Menschen aus der Therapie etwas aufgenommen haben und mitwirken, auf ungeahnten Wegen aus dem verschütteten Inneren der Seele etwas hervorbringen, das man nur als «kreativen Akt» unbewusster Kräfte, die ins Bewusstsein drängen, umschreiben kann. Eine neue «Kreation», etwas Ursprüngliches kommt ans Licht und bildet den Motor für weitere Neuerungen.

Im Versuch, solche emotionale Verschiebungen, Öffnungen oder Wendungen zu beschreiben, kommen wir ins Stammeln und suchen bildhafte Vergleiche: Es beginnt die Phase des «Erntens». Die Früchte der seelischen Arbeit wachsen, werden sichtbar und verändern den Menschen, der auch von anderen auf einmal als ein anderer wahrgenommen wird.

Ein Buch kann diesen Weg, im engen therapeutischen Dialog und durch schwierige Gefühlszustände hindurch, nicht nachzeichnen oder gar ersetzen. Aber vielleicht kann es etwas von den Möglichkeiten andeuten und in Aussicht stellen. So verschieden die Fragen und Lebenslagen jedes Menschen sind, der Hilfe sucht, so verschieden sind die Wege, wie sich innere Veränderung ihren Weg bahnt.

6.3.2 Wie geschieht Veränderung?

«Und was nun damit?» Was kann man mit dem persönlichen «Material» der aufgeworfenen Themen machen? In der Psychoanalyse redet man vom «Durcharbeiten», wenn man sich längere Zeit mit einem Themenkomplex beschäftigt, Gefühle und Gedanken immer wieder um etwas kreisen, ohne dass man schon eine Lösung weiß. Man vertieft und untersucht alles, was einem dazu einfällt, stößt immer wieder auf dieselben Ängste und Schutzmechanismen, bis etwas lockerer wird, nachgibt, der Wunsch nach Veränderung stärker wird und einer anderen Lösung Platz macht.

Vielleicht, indem man *trotz* Bedenken, Ängsten oder Gewissensdruck einen neuen Schritt wagt, etwas versucht, das ungewohnt ist. Dass man das lähmende Gefühl «Ich kann das nicht» überschreitet. Man kann das Widerständige nur loswerden, wenn man zuerst da, wo «etwas sitzt», genau hinschaut und die Gefühle aushält. Oder, indem man mit jemandem über die ganz persönlichen Fragen redet, statt zu beschwichtigen, sich etwas vorzumachen, abzulenken, vor sich wegzurennen. Wenn man sich ehrlich mit sich auf eine Suche macht, was einen umtreibt, was anders werden soll im momentanen Unbehagen, das am Anfang dieses Buchs steht.

Der Prozess ist kreisförmig: Ein Gefühl (Unbehagen, Traurigkeit, Angst) – hinterfragen – durcharbeiten – etwas versuchen. Das Neue kommt nicht bequem im Lehnsessel von selbst, allein vom Klagen. Das führt eher zu Selbstmitleid und weiterem Trübsal. Es muss innerlich errungen werden. Es braucht Hartnäckigkeit und Mut, um Unbequemes auszuhalten und nicht vor ihm zurückzuweichen. Denn unsere psychische Grundtendenz, Unlustvolles und vor allem Angst zu vermeiden, führt ständig zu inneren Schutzmanövern – und schon landet ein unbequemer, aufwühlender Gedanke wieder in der Verdrängung, wir «vergessen» ihn schnell wieder, damit erst gar keine Angst aufkommen kann. Mitbekommen und beobachten, was ich ständig denke und fühle, sprunghaft, vielstimmig, wie auf einer Theaterbühne oder wie ein Radio, das häufig den Sender wechselt – das ist schwierig genug und doch die Voraussetzung, meinem inneren Geschehen näherzukommen. Nur wenn ich meine Gedanken mitbekomme, habe ich eine Chance, etwas beeinflussen zu können: Beim inspirierenden Sender zu bleiben («Mehr davon»!) oder der vorwurfsvollen Gewissensstimme Einhalt zu gebieten («Ich weiß, was du mir schon wieder vorhältst, ja, ich stehe dazu!»). Entsprechend unterhalte ich entweder anregende, gute Gefühle oder befreie mich aus der kleinlaut-zerknirschten Gefühlslage. Wenn ich es nicht merke, übertönt das Gewissen die Inspiration und die schlechte Laune breitet sich aus. Und solches läuft ständig ab. Unsere Wünsche und Ängste begleiten uns durch unser ganzes Leben, aber bestimmte «Stationen» ziehen uns besonders an, aus Lust und Interesse, oder wir bleiben aus Angst immer wieder an derselben Lösung kleben. Mit den Jahren und Jahrzehnten haben sich bevorzugte Annahmen über uns selbst oder vermeintliche Absichten anderer als richtiggehende «Gedanken-Autobahnen» gebildet, von denen nicht leicht abzuweichen ist.

Wenn aber auch in das vorgespurte Denken Bewegung hineinkommt, ich immergleichen Selbsttäuschungen auf die Schliche komme, einmal weiterdenken, etwas infrage stellen kann, dann entsteht eine neue Wegspur, eine Abzweigung, ein unverhofft neuer Gedankenpfad, der zu einem anderen Gefühl führt. Ich beginne, darin «Muster» zu erkennen, der Selbstbespiegelung, Selbsttröstung, Beschwichtigung – ich will etwas nicht wahrhaben. Plötzlich sehe ich die Muster an vielen Stellen – und so setzt sich das Hinterfragen und der neue Pfad wie ein fallender Dominostein fort und breitet sich aus. So beginnt Veränderung. Ich *will* etwas nicht mehr so fortsetzen, übernehme die Kontrolle über das Geschehen – oder umgekehrt, lasse die Zügel endlich lockerer und höre auf eine kreative Stimme.

Es gibt die «Aha-Momente» der Einsicht, aber dann gilt es auch dranzubleiben, geduldig mit mir zu sein. Es reicht nicht, einen Gedanken oder Handlungsschritt *einmal* anders weiterzuführen, es braucht viel Wiederholung, damit sich Neues aufbaut und mir die bisherige Lösung als eine «alte» immer fremder vorkommt, die nicht mehr passt. Wie ein zu eng gewordenes Kleidungsstück mit verblassten Farben. Es ist wie bei jeder anspruchsvollen Tätigkeit – einer handwerklichen, einen Text schreiben, einer künstlerischer Arbeit oder sportlichen Errungenschaft: «Zufallen» tut mir vielleicht die Idee oder das Talent. Aber bis zum fertigen Produkt ist es ein Weg mit vielen Versuchen, Entwürfen, Fleiß oder Übung, Schleifen, Mut zum Scheitern, Arbeit hinaus ins Ungewisse. Erst rückblickend weiß ich, ob es gut geworden ist.

Inneres «Arbeiten» ist vielleicht nicht populär in Zeiten schneller Selbstoptimierungsversprechen. Aber selbst die «Kunst der Achtsamkeit» führt letztlich zurück auf eine Schule der Selbstbeobachtung, stetiger Übung, Meditation und Verzicht auf Reizüberflutung und attraktive Außenreize. Selbsterkenntnis setzt eine radikale Einstellung zu mir selbst voraus, zuerst und vor allem bei mir anzusetzen, mich zu erforschen und nicht die

Außenwelt für alles verantwortlich zu machen. Diese Haltung ist jeden Tag unbequem, aber führt zu Momenten der Klärung, Klarheit, inneren Verbundenheit mit mir und damit zu mehr Abstand und Gelassenheit zur Welt. Was ich bei mir anerkenne als konflikthaft und unperfekt, lässt mich es auch beim anderen nachsichtiger behandeln. Aber die Umkehrung ist verführerisch einfach: mein Unerkanntes auf andere projizieren, es an ihnen abhandeln und mich selbst fein heraus fühlen. Für diese blinden Flecken ist es gut, ein kritisches Gegenüber zu haben, das mir den Spiegel vorhalten kann.

Und was mache ich mit schwierigen Gefühlen, mit Angst, Trauer, Wut, Scham, Schuldgefühl? Drücke ich sie schnell wieder weg oder kann ich sie aushalten und schauen, welche Gedanken, Erinnerungen dazu gehören? Kann ich sie zur weiteren Selbsterkenntnis nutzen und so regulieren, dass sie nicht überhandnehmen und mich völlig beherrschen? Wie kann ich sie ausdrücken, ohne sie an anderen auszulassen? Gelingt es mir, die innere Bühne und die äußere Realität zu unterscheiden, in der vielleicht kein Anlass zur Angst oder Verteidigung besteht? Wenn das alles schwierig ist, allein zu sortieren und zu steuern – das kann man in einer Psychotherapie lernen. Denn viele Menschen sind entweder zu gut im Steuern und Kontrollieren der Gefühle, sodass sie sie gar nicht spüren können, oder im anderen Extrem, dass diese zu heftig und impulsiv ausbrechen, ohne dass man das Unkontrollierte so will.

6.3.3 Verdichtung

Je besser ich durch die Selbsterforschung über die eigene Situation im Bild bin – was wiederkehrende Lebensthemen und -konflikte sind, welche Wünsche für mich unverzichtbar sind und welche Ängste sich immer wieder durchsetzen –, desto realistischer wird auch mein Verhältnis zu mir und meiner Umgebung. Ich werde gnädiger im Urteil über mich und andere. Ich übernehme mehr Verantwortung für meinen Anteil, wie Beziehungen laufen. Es wird zu einer grundsätzlichen Haltung mir selbst und meinen Mitmenschen gegenüber, die mich offener, gesprächsbereiter und toleranter macht, weil ich nicht nur meine Stärken, sondern auch meine Schwächen und mein Scheitern besser kennengelernt habe. In diesem Sinn unterstützt der persönliche «Lebensrückblick», die Bestandsaufnahme durch die Beschäftigung mit diesem Buch die Einsicht, dass ich immer wieder am Anfang stehe, noch viel zu wenig verstehe, dass es ein lebenslanger Prozess ist. Wenn ich mir jedoch in den mittleren Jahren, aus all meinen gelungenen und schmerzhaften Erfahrungen, sagen kann, was gut war, und was sich von meinen Träumen noch nicht erfüllt hat und dies für mich immer wieder kritisch prüfen kann, schleppe ich es nicht als unsortiertes Gepäck in mein Alter weiter, das ganz neue Herausforderungen bringen wird. Ich kann innerlich pendeln zwischen Vergangenem und Zukünftigem, das mich dazu anspornt, meine Gelegenheiten im Heute wahrzunehmen und zu nutzen. Dann habe ich ein inneres Handwerkszeug gelernt, das mir helfen wird, auch künftige Schwierigkeiten oder Krisen anders anzugehen, nicht in Angst zu versinken, sondern weiter an mir zu arbeiten.

Das Wissen, dass sich der Mensch, wenn nicht körperlich, so doch geistig und seelisch bis ins hohe Alter weiterentwickeln kann, schenkt mir die Aussicht, dass noch vieles möglich sein wird, das ich mir nicht habe träumen lassen. Es wird aber wahrscheinlicher, und ich kann dann am meisten bewirken, meine Möglichkeiten verwirklichen und Glück erleben, wenn ich tief verbunden bin mit meinen innersten Triebkräften, meinen zwischenmenschlichen und geistigen Fähigkeiten. Dies ist nur über den nie endenden Weg kritischer Selbstbefragung, über Übung oder künstlerische Selbstaneignung für Momente zu erlangen und wieder zu verlieren. Aber was bleiben kann, ist, den Motor der inneren Bewegung, von tief befriedigter Ruhe bis zu angeregtem Angetriebensein in sich als Kraft des Lebendigseins zu spüren.

Um die volle seelische Lebenskraft, Schaffensfreude, Angriffslust auf das Leben der vor uns liegenden Lebenszeit zur Verfügung zu haben, unabhängig von körperlichen oder äußeren Einschränkungen. Dann liegen Lebensjahre vor uns, in denen wir auf viel Erfahrungswissen aufbauen können. Ich muss nicht mehr jeder Idee nachrennen aus Angst, etwas zu verpassen. Der Angst vor der verrinnenden Lebenszeit setze ich meine Intensität des Lebens im Hier und Jetzt entgegen. Im Wissen, dass es ein Geschenk ist, gesund zu sein, dieses Alter so erreicht zu haben, aus der Erschütterung durch Verluste bäumt sich meine Lebenslust und Lebenskraft auf, der Zeit eine Verdichtung meines Erlebens abzutrotzen. Das unbezwingbare Geheimnis, wie viel Zeit mir zusteht, kann ich nur aushalten, in dem ich meine Wünsche auf die Zukunft werfe, die heute vor mir liegt.

Die einflussreichen Aufgaben mit Verantwortung und Gestaltungsmöglichkeit werden getragen von mehr Übersicht der reifen Jahre. Manche von uns krönen ihren beruflichen Weg nach der Lebensmitte noch einmal mit einem Aufstieg oder Stellenwechsel, einer neuen Herausforderung. Sie suchen sich eine neue, sinnstiftende Aufgabe oder gehen neue Beziehungen ein. Es bedeutet, nochmals etwas zu wagen, aus dem Vollen zu schöpfen, mich bemerkbar zu machen, mich mit meinen Gaben nützlich zu machen und in das soziale Miteinander einzubringen, sodass ich schon etwas gerüstet und vorbereitet bin für das, was dann kommt: Das «dritte Alter», in dem mehr Dürfen als Müssen und eine «neue Freiheit» lockt, wenn ich das innere Feld vorher schon bestellt und eine Vorstellung gewonnen habe, wie ich es gestalten könnte. Denn wer kann es heute schon von sich wissen: Vielleicht geht es nach der Lebensmitte erst richtig los!

Literatur

Boothe, B. (2011). *Das Narrativ. Biografisches Erzählen im psychotherapeutischen Prozess*. Schattauer.

Bylow, C. & Vaillant, K. (2016). *Die verratene Generation. Was wir den Frauen in der Lebensmitte zumuten*. Pattloch.

Emcke, C. (2013). *Wie wir begehren*. Fischer.

Fäh, M. (Hrsg.). (2021). *Trieb und Ödipus. Einführung in das Denken und Werk von Judith Le Soldat*. frommann-holzboog.

Freud, S. (1900a). *Die Traumdeutung. GW II/III*.

Goethe, J.W. (1986 [1808]). *Faust. Der Tragödie Erster Teil*. Reclam.

Grieser, J. (2018). *Der Tod und das Leben. Vergänglichkeit als Chance zur Entwicklung von Lebendigkeit*. Psychosozial-Verlag.

Haubl, R. (2004). *Neidisch sind immer nur die anderen*. 3. Aufl., C.H. Beck.

Hermann, M.-L. (2017). Depression in den mittleren Lebensjahren – Zusammenbruch oder Aufbruch? *psychosozial, 40*(1), 27–44.

Hermann, M.-L. (2019). Eine Vielfalt an Lebensentwürfen. Die Babyboomer kommen ins Alter. *Psychotherapie im Alter, 16*(4), 435–449.

Hermann, M.-L. (2020). Entwicklungsaufgaben des Älterwerdens für die Psychoanalyse. *Journal für Psychoanalyse, 61*, 170–187.

Heuft, G. (1994). Persönlichkeitsentwicklung im Alter – ein psychologisches Entwicklungsparadigma. *Zeitschrift für Gerontologie und Geriatrie, 27*, 116–121.

Kipp, J. (2002). Gewohnte Konfliktstrategien reichen im Alter oft nicht aus. In M. Peters & J. Kipp (Hrsg.), *Zwischen Abschied und Neubeginn. Entwicklungskrisen im Alter* (S. 115–123). Psychosozial-Verlag.

Le Soldat, J. (1994). *Eine Theorie menschlichen Unglücks. Trieb, Schuld, Fantasie*. Fischer.

Le Soldat, J. (2015). *Werkausgabe, Bd. 1: Grund zur Homosexualität. Vorlesungen zu einer neuen psychoanalytischen Theorie der Homosexualität*. frommann-holzboog.

Le Soldat, J. (2020). *Werkausgabe, Bd. 3: Raubmord und Verrat. Kritisch revidierte Neuausgabe von ‹Eine Theorie menschlichen Unglücks› (1994)*. frommann-holzboog.

Lohmann, R. & Heuft, G. (1995). Life Review: Förderung der Entwicklungspotentiale im Alter. *Zeitschrift für Gerontologie und Geriatrie, 28*, 236–241.
Mentzos, S. (2009). *Lehrbuch der Psychodynamik. Die Funktion der Dysfunktionalität psychischer Störungen*. Vandenhoeck & Ruprecht.
Perrig-Chiello, P. & Höpflinger, F. (2009). *Die Babyboomer. Eine Generation revolutioniert das Alter*. Verlag Neue Zürcher Zeitung.
Radebold, H. (1992). *Psychodynamik und Psychotherapie Älterer*. Springer.
Reddemann, L. (2015). *Kriegskinder und Kriegsenkel in der Psychotherapie. Folgen der NS-Zeit und des Zweiten Weltkriegs erkennen und bearbeiten – Eine Annäherung*. Klett-Cotta.
Schmidt-Hellerau, C. (2000). Wunsch, Wunscherfüllung. In W. Mertens & B. Waldvogel (Hrsg.), *Handbuch psychoanalytischer Grundbegriffe* (S. 807–809). Kohlhammer.
Schneider, G., Heuft, G., Lohmann, R., Nehen, H.-G., Kruse, A. & Senf, W. (1999). Psychogene Beeinträchtigung und aktuelle Befindlichkeit im Alter. Welche Chance eröffnet die biografische Perspektive? *Psychotherapie, Psychosomatik, Medizinische Psychologie, 49*(6), 195–201.
Simonson, J. (2012). Erwerbsverläufe im Wandel – Konsequenzen und Risiken für die Alterssicherung der Babyboomer. In H.-G. Soeffner (Hrsg.), *Transnationale Vergesellschaftung. Verhandlungen des 35. Kongresses der Deutschen Gesellschaft für Soziologie in Frankfurt am Main 2010* (S. 273–290). Springer VS.
von Becker, B. (2014). *Babyboomer. Die Generation der Vielen*. Suhrkamp.

Dank

Mein besonderer Dank gilt all den Frauen und Männern in und nach der Lebensmitte, denen ich in meiner psychotherapeutischen Arbeit begegnen und mit ihnen die Besonderheiten dieser Lebensphase entdecken und ergründen durfte. Durch ihren Mut zur inneren Auseinandersetzung in der Krise und dank des mir geschenkten Vertrauens habe ich die enormen Entwicklungsmöglichkeiten und Veränderungen der Lebensgestaltung ab den mittleren Jahren miterlebt. Zugleich haben mir die ältesten Menschen in der Therapie die seelische Anpassungsfähigkeit für kreative, persönliche Lösungen bis ans Lebensende aufgezeigt. Das macht Mut, auf das eigene Alter beherzt zuzugehen.

Ich danke meinem Analytiker, der mich die Kunst des Fragens und Deutens gelehrt hat sowie die kritische Beharrlichkeit, an unbewussten Widerständen zu arbeiten, um das eigene Potenzial zu entfalten. Ich bin meinen Geschwistern, Freundinnen und Freunden als Weggefährten der Babyboomer eng verbunden für unsere Gespräche und ihre Beobachtungen als erweiterte Blicke auf unsere Generation. Ich bin dankbar für den Hintergrund meiner Familie, in der die Seel-Sorge und das Interesse für zeitgeschichtliche Einflüsse einen wichtigen Platz haben.

Besonders bedanke ich mich bei Michèle Minelli, die auf dem Weg zu diesem Buch mit inspirierenden Schreibseminaren und Coachings mein Schreiben gefördert und über Durststrecken hinweg an die Umsetzung meines Projekts geglaubt hat. Ein großer Dank gilt Brigitte Boothe für ihre Bereitschaft zum Verfassen des einladenden Geleitworts sowie Hans-Jürgen Wirth und Christian Flierl vom Psychosozial-Verlag für die jahrelange gute Zusammenarbeit, die auch die spontane Offenheit zur Realisierung meines Buchs einschließt. Dabei wurde ich von David Richters bereichernden Vorschlägen und seinem umsichtigen Lektorat in idealer Weise unterstützt.